PANDEMIC!2

CHRONICLES OF A TIME LOST

SLAVOJ ŽIŽEK

パンデミック2／スラヴォイ・ジジェク

毎日を生きることが厳しすぎて、
ＣＯＶＩＤ－19など大した問題ではないと
気にもとめない人々に捧げる

目次

はじめに――哲学者が農作物の収穫について書く理由

北北西で何か怪しい匂いがする。ヒッチコックの映画ではなく、ドイツの北北西にある村、ギュータースローの話だ。二〇二〇年六月半ば、この村の食肉加工工場で六百五十人以上の労働者がＣＯＶＩＤ-19陽性となり、現在も数千人が隔離中。ここに登場するのはおなじみの階級分断、３Ｋの職場で働く外国人労働者たちである。

同じ匂いは、世界中に広がっている。二〇二〇年の晩春、米国南部テネシー州でも怪しい匂いが漂った。何トンもの果物や野菜が収穫されずに腐った匂いだ。なぜか。同州のある農場で、一人の労働者が新型コロナに倒れたあと、総勢二百人近くの労働者が一人残らず検査陽性になったためだ[1]。

パンデミックが食料供給に与える脅威の、これは一例でしかない。手摘みしなければならない生産物は、多くは外国からの季節労働者に依存している。何十万人という人々が満員のバスに揺られて移動し、窮屈な寮で寝泊まりする――ＣＯＶＩＤ-19の蔓延には絶好の環境である。収穫は短い完熟期に終えなければならないのだから、感染者が増加するのも当然だ。彼ら季節労働者たちは極めて弱い立場にある。仕事はきつくて不安定だし、収入はささやか

1. https://fortune.com/2020/05/29/farm-workers-test-positive-coronavirus-covid-19-tennessee/

で、医療は基本的に行き届かず、そもそも多くが不法滞在である。これもパンデミックが暴き出した階級格差——我々が皆、同じ船に乗っているのではないという現実の一つだと言える。

こうした例は、世界中で枚挙にいとまがない。イタリア南部やスペインでも果物や野菜の収穫に人手が足らず、フロリダでは大量のオレンジが腐り、イギリス、フランス、ドイツ、ロシアも同じ問題に悩まされている。パンデミックゆえに、我々は典型的な馬鹿げた資本主義の危機に直面しているわけだ。仕事が欲しい何万人もの労働者が手持ちぶさたにしている一方で、山のような生産物が畑で腐っていく。

問題を抱えているのは収穫や流通に限らず、栽培自体も様々な被害に悩んでいる。東アジアからインド西部にかけてイナゴが作物を食い荒らしているが、この地域は干ばつにも脅かされている。要するに、全面的な飢餓ではないにしても、相当な食料不足が予想されており、それは第三世界諸国に留まらないのである。西洋の我々がいつものイチゴの箱にちょっと多く金を払えば済むような問題ではない。状況は絶望的ではないが、迅速な国際的に協調した対応が必要である。畑で働くボランティアを呼びかけるぐらいではとうてい及ばず、危機を回避するために、各国政府が関与して人員を動員する必要がある。

すでにもう、私に批判的な人たち（と一部の友人たち）からの笑い声が聞こえている。嘲笑しつつこう書いているだろう。「パンデミックは、哲学者としてのジジェクの時代が終わったという意味だな。我々の存在の根底が脅かされているときに、ラカン派が読み解くヘーゲルなんか知ったことか。ジジェク本人だって、収穫の方法をあれこれ考えてるぐらいじゃないの」。

　しかし、これほど間違った批判はない。今回のパンデミックは、表面下でずっと渦巻いていた社会的・経済的対立を明るみに出しただけではない。途方もない政治問題を突きつけてきたのでもない。このパンデミックは、社会についてどんな世界的ビジョンを持つかをめぐる純粋な対立になりつつあるのだ。

　この危機の当初、最も被害を受けやすい人々の支援に重点を置いた、基本的な世界の連帯が通用するかのように見えた。しかし、ジョン・オーサーズが言うように、この連帯は「道徳原則を手榴弾のように投げつけられて、徐々に冷酷な党派争いや文化闘争に負けつつある。各国がそれぞれ正反対のアプローチをとる中、アメリカでは、マスクを着ける国民と着けない国民に分かれ、二つの国に分裂しそうになっている」[2]。

　この対立は深刻な実存的対立であり、マスクを着けない人を単純に笑いものするだけでは済まない。アリゾナのトークショーのＭＣブランデン・ディリイは、マスクを着けない理由をこう説明した。「ダサいより死んでる方がまし。そう、文字どおりの意味でだ。間抜けに見えるくらいなら今すぐ死んだっていいよ」。ディリイにとってマスクは、最も基本的なレベルで人間の尊厳と相容れないものなのだ。だから、彼はマスクを拒否する。

2. https://www.yahoo.com/finance/news/golden-rule-dying-covid-19-040107765.html

そんなわけで、哲学者が農作物の収穫について書くのも、完全に適切なのである。この問題の扱い方を決めるのは、究極的には、人間の命に対する基本的なスタンスだからだ。ディリィのように、個人の自由を侵害するあらゆるものを拒否する自由主義をとるのか。マジョリティーの経済的安寧のためなら、数万の命の犠牲も厭わない功利主義なのか。強硬な国家の統制と規制だけが我々を救うと信じる権威主義でいくのか。あるいは、パンデミックは自然からの警告で、人間の天然資源の搾取に対する罰だと考えるニューエイジの神秘主義か。それとも、神は我々を試しているだけで、最終的には解決法を見つける手助けをしてくれると信じるのか。それぞれのスタンスが、人間とは何かについての具体的なビジョンにもとづいている。

その意味で、この危機とどう闘うかを提案するときには、誰もが哲学者にならなければならないのである。

第一章　分からないこと。分かりたくないこと。できること。

マルクス兄弟主演の映画『我輩はカモである』。弁護士役を演じるグルーチョ・マルクスは、法廷でこう言う。「この男は馬鹿に見えるし、馬鹿みたいな話し方もする。だが、騙されてはいけない。本当の馬鹿なのだ」。国への不信感も露に、ロックダウンは基本的自由の剥奪をもくろむ陰謀だと言う者たちには、我々もこのセリフに倣って反論すべきだろう。「国はまさに、我々の自由を奪うロックダウンを強要しているし、ちゃんと従っているかどうか相互に監視させようともしている。だが、騙されてはいけない。本当にロックダウンには従うべきなのだ」と。

　ロックダウンを撤廃せよという声が、従来の政治的スペクトラムの両端から上がっている点に注目しなければならない。アメリカでは自由主義右派が中心となっているが、ドイツでは小規模な左派グループが主張している。いずれの国でも、医学的な見識は、国民を服従させ、隔離が身のための無力な犠牲者に貶めるためのツールだとして非難されている。この批判的な姿勢の根本には、「分かりたくない」という態度が見え隠れする。脅しを無視しても大したことはないさ。なんとか切り抜けるさ……。

アメリカの自由主義右派は、〝選択の自由〟を取り戻すためにロックダウンを緩和すべきだと訴えている。だが、はたして何の自由か。クリントン政権で労働長官を務めたロバート・ライシュは、「トランプ政権の労働省は、一時帰休された労働者が仕事に復帰したければ、雇い主の提案を受け入れる〝義務〟を定めた。つまり、COVID-19が収束しなくても、失業手当を止めるということだ。COVID-19に罹るか、路頭に迷うかの選択を人々に強いることは非人道的である」と述べている。[3] 自由主義右派のいう〝選択の自由〟は、飢餓か命の危険かの選択ということになる。まさに、十八世紀のイギリスの炭鉱を思い起こさせる状況だ。仕事をすること自体に大きな死亡リスクが伴っている。

しかし、逆に厳重なロックダウンを維持させている別の形の「分かりたくない」もある。国家権力がパンデミックを利用して完全な統制を目指しているというほど簡単な話ではなく、ある種、迷信じみた象徴的行動がますます幅を利かせているように思えるのだ。それは、社会生活すべてを停止するという十分に強い犠牲の姿勢を示せば、慈悲が与えられるのではないかという根拠のない期待である。

実際、驚くべきことだが、このパンデミックの仕組みを我々は（科学者も含めて）ほとんど何も分かっていない。権威筋のアドバイスもかなりの頻度で相矛盾している。そして、感染を避けるため自己隔離が厳重に指導される一方で、感染者数が減り始めると今度は別の不安が頭をもたげる。自己隔離が第二波に対する抵抗力を弱めているのではないか。あるいは、

3. https://www.theguardian.com/commentisfree/2020/may/03/donald-trump-reopen-us-economy-lethal-robert-reich

第二波が来る前にワクチンができるという期待に頼りすぎているのではないか。このウイルスにはすでに様々な変異があるのに、ひとつのワクチンで全部に効くのか。現に早期終息の希望（夏の高温、集団免疫、ワクチン……）は、どれも消えつつあるじゃないか。

　また、パンデミックは西洋諸国の人々の死との関わり方を変える、死の必然性や存在の脆弱性を受け入れざるを得なくなる、突然現れるウイルスによって今まで当然だった生活は終わるのだ……などと言う人は多い。よく耳にする説は、極東の人々は、実際パンデミックとはるかに上手に折り合いをつけているというものだ。彼らにとって死は生の一部であり、物事のありようの一部なのだ。一方、西洋諸国の我々は、生の一部としての死をますます受け入れなくなってしまっている。適度な運動と食習慣で健康的な生活を守り、事故に気をつけて暮らせば、無期限に延期される他人事のように死を考えている……。

　だが、私自身はこの説に与しない。ある意味死は生の一部ではないし、何か想像できないもの、私に起こるはずのないものに違いない。耐えがたい苦痛から逃れる目的を除き、私は本当に死を覚悟しているわけでもない。近ごろ多くの人が取り憑かれたように、新たに何人感染したか、何人回復したが、何人死亡したか、数字ばかりを追っているのも同じ理由だ。しかし、これらの数字が恐怖だとしても、それに注目してばかりで、がんや心臓発作など別の原因でもっと多くの人が死んでいることを無視できるのか。コロナウイルスの外には生だけがあるのではない。あまたの瀕死も死もある。死亡率は相対的に見る方がよいのかもしれない。実際、多くの人がCOVID-19で亡くなる一方で、がんに倒れる人も多いからだ。

むしろ、我々は想定を変えるべきだろう。はっきりした大きなピークが来て、そのあとは徐々に通常に戻っていくと期待するのはやめよう。このパンデミックを堪えがたいものにしているのは、たとえ完全なカタストロフィが訪れなくとも、状況がいつまでも進展しないことだ。横ばい状態にあると言われ、次には若干改善していると言われたが、危機的状況からは抜け出せていない。アレンカ・ジュパンチッチの言葉を借りれば、〝世界の終焉〟という考え方の問題は、フランシス・フクヤマの『歴史の終わり』の問題と同じである。終わり自体が終わらない。不気味な現状維持に立ち往生するだけ。我々皆が密かに願い、常に考えるのは、ただ一つ――いつ終わるのかだけである。しかし、終わらないのだ。

むしろこのパンデミックは、環境問題の新時代を告げていると見るのが合理的だろう。思えば、二〇一七年に、BBCは自然への介入の結果として何が我々を待つのかを描いていた。「気候変動により、数千年間凍りついていた永久凍土が解けつつある。凍土に閉じ込められて休眠していた古代のウイルスや細菌が、今、息を吹き返そうとしている」[4]。

ウイルスはアンデッドとして、いつでも復活の時を待っているのだ。皮肉なことに、ウイルスの〝不死性（immortality）〟は、最新の脳科学の進歩によって約束された不死性とも重なる。このパンデミックが発生したとき、ポピュラーサイエンス界は生活や生命のデジタル化に関する二つの話題に沸いていた。話題の一つはいわゆる〝監視資本主義〟である。完全

4. http://www.bbc.com/earth/story/20170504-there-are-diseases-hidden-in-ice-and-they-are-waking-up

なデジタルコントロールによって、国家機関や民間企業が市民の存在を統制するという資本主義の新しいフェーズについて、多くの記事が書かれている。もう一つメディアが陶酔しているのは、脳と機械の直接のインターフェイス、すなわち〝ワイヤードブレイン〟の話題である。脳がデジタル機器に接続されれば、たとえば何かについて考えただけで外部の世界でそれを起こすことができる。また、直接別の脳と接続されたら、別の個人が私の体験を直接共有することになる。極端な外挿をすれば、このワイヤードブレインの概念は、レイ・カーツワイルが〈シンギュラリティー〉と呼んだ、共有される世界意識という神めいた未来を開くものである。この考えの（さしあたり胡散臭い）科学的立場がどうあれ、これが実現すれば、考え話す存在としての人間の基本的特徴に影響を与えることは明らかだ。来るべきシンギュラリティーの実現は、その複雑な意味において終末論的だと言える。暗示されるのは、普通の人間の存在に隠された真実との遭遇、すなわち、ポストヒューマンの新次元の到来である。

広範囲な監視が、世界各地で黙認されていることも指摘しておきたい。パンデミック対策として、中国だけでなくイタリアやスペインでも、ドローンが利用された。シンギュラリティーの精神面でのビジョンという点では、この人間と神の新たな一致、肉体的存在の限界と決別するという天福が、想像もつかないような悪夢へと変わる可能性は十分ある。批判的な立場から言うと、ウイルスによる生活の荒廃とシンギュラリティーにおける個人性の喪失との、どちらが人間性に対する大きな脅威であるかは決め難い。まさに、我々は依然として肉体的存在に深く根差しており、それが意味するあらゆる危険とともにあるということを、パンデミックが思い出させてくれたわけだ。

　では、これは現況が絶望的だという意味なのだろうか。いや、絶対にそうではない。確かに、膨大で想像もつかないような問題が存在するし、今後十億を越える失業者が新たに生まれるだろう。新しい生活様式も生み出さなければならない。はっきりしているのは、完全なロックダウンの中では、備蓄食料などの蓄えに頼って暮らさなければならないことぐらいだ。だから今、ロックダウンから抜け出し、ウイルスの存在する状況で新しい暮らしを生み出すのは難しすぎる課題である。

　何がフィクションで、何が現実か、それも変化するはずだ。普段の現実で作られる映画やテレビドラマの中では、人々が自由に通りをそぞろ歩き、握手をし、抱き合う。その姿は、長い間忘れていた過去の郷愁を誘うイメージとなるだろう。他方、現実の生活は、サミュエル・ベケットの戯曲『芝居』に似たものになるかもしれない。舞台には三つの灰色の壺が置かれている。それぞれの壺から頭だけが出ており、三人の首から下は壺の中という……。

　だがしかし、純真な目で事態を見ることができれば（それが最も難しいのだが）、我々のグローバル社会は、生存のための調整を行い、もっと謙虚な暮らし方を構築するだけの十分なリソースを持っているはずである。国際協力で地域の食料不足を支援したり、第二波に備えてグローバルな医療を整備したり。問題は、本当に私たちにこれができるかどうかだ。それとも、新しい野蛮の時代に突入し、健康危機への関心が高まるあまり、冷戦の再燃のようなアメリカと中国の間の紛争や、シリアとアフガニスタンの武力戦争を、世界の人々が見えないところで継続させるだけになってしまうのだろうか。

こうした紛争は、際限なく長引くという点で、ウイルスと似ている（マクロンはパンデミック中の世界的な停戦を呼びかけたが、完全に無視された）。どの進路をとるべきかの判断は、科学とも医学とも関係ない。間違いなく政治的な判断である。

第二章　ヴァイラルワールドの五月一日

五月一日《メーデー》にあたり、パンデミックの動向ばかりを追うことから少し離れて、パンデミックとその破壊的な影響が明らかにした社会の現実について、考える時間を持つべきかと思う。

真っ先に思うのは、「我々はみな、同じ舟に乗っている」という安っぽいスローガンに反して、階級間の分断が爆発的に広がっていることだ。最下層にある人々（移民や紛争地に取り残された人々）にとっては、生活が困窮しすぎてＣＯＶＩＤ-19は重要な問題ですらない。そして、彼らがメディアからはほとんど無視されている一方で、最前線でウイルスと闘っている看護師たちへの感傷的な感謝キャンペーンは引っ切りなしに行われている。フランス空軍は看護師らを讃える編隊飛行まで実施した。しかし、看護師は、社会の維持に必要なエッセンシャルワーカーたち——搾取される階級の人々の目に見える一部でしかない。むろん、それはマルクス主義者の古い労働者階級のイメージとは異なる〈搾取〉であって、彼らはデヴィッド・ハーヴェイが指摘するように、〈新しい労働階級〉を形成する人々である。

途方もない数の患者のケアや、日常生活の再生産を支える最低限のサービスにあたることを期待されている労働者は、性別、人種、民族によってはっきりと特徴づけられている。彼らは現代資本主義の最先端にある〈新しい労働階級〉である。この階級に属する人たちは、二重の重荷――仕事を通じてウイルスに感染するリスクと、ウイルスが原因のコスト削減によって何の補償もなく解雇されるリスクとを、同時に背負わされている。たとえば、アメリカの現代の労働階級は、圧倒的にアフリカ系とラテン系と女性で構成されており、人々のケアや主たる供給システム（食料品店など）の維持に携わる中で感染するか、さもなくば失業して福祉（十分な医療など）もなく放り出されるか、というむごい選択を迫られている。[5]

最近、金持ちの暮らしを支える側の人々が住むパリ北部郊外で暴動が続発しているのも、これが理由である。シンガポールで外国人労働者が住む寮でＣＯＶＩＤ-19感染が激増したのも、これが理由である。ある報道によると、「シンガポールには、主に南アジアや東南アジアから来た百四十万人の移民労働者がいる。メイド、ホームヘルパー、建設作業員、肉体労働者などとして、彼ら移民はシンガポールが機能を維持するために不可欠であるにもかかわらず、この都市で最も賃金が低く、最も脆弱な存在になっている」という。[6] 彼ら新しい労働階級は以前から存在していたのだが、パンデミックによって顕在化したのだ。

この階級を定義するため、ブルーノ・ラトゥールやニコライ・シュルツは、〈ジオソーシ

5. https://jacobinmag.com/2020/4/david-harvey-coronavirus-pandemic-capital-economy
6. https://edition.cnn.com/2020/04/24/asia/singapore-coronavirus-foreign-workers-intl-hnk/

ャル階級（geo-social class）〉という用語を考案している。[7] 彼らは、生産手段を所有する人々のために働くという、古典的マルクス主義的な意味で搾取されているのではない。水、きれいな空気、健康、安全が手に入るという物理的な生活条件との関わり方において、彼らは〈搾取〉されているのである。他にも、輸出を拡大するために工業型農業や集約的採掘に土地が利用されているとき、その地域の住民は搾取されていると言える。たとえ外国企業のために働いていなくても、自分たちの暮らし方の維持のために土地を利用する権利を奪われるというシンプルな意味での〈搾取〉である。

ソマリアの海賊が良い例だ。彼らが海賊行為を始めたのは、外国企業の商用漁業によって沿岸海域の漁業資源が枯渇してしまったためである。彼らの領海の一部が先進国によって独占され、我々の生活様式の維持に使われているのだ。シュルツは、〈余剰価値の占有〉を〈余剰存在（surplus-existence）の占有〉に置き換える提案もしている。この〈存在〉とは生活の物質的条件を意味している。[8]

今、パンデミックで明らかになりつつあるように、工場が休止しているときでさえ、〈ジオソーシャル階級〉のエッセンシャルワーカーは働き続けなければならない。だから今年のメーデーは、従来の産業労働階級ではなく、この人たちに捧げるのがふさわしいだろう。彼らは働くときに搾取され（その労働がほとんど目に触れないため）、さらに働いていないときにも搾取され、その存在そのものにおいて、過剰搾取されているのだ。

7. https://www.researchgate.net/publication/335392682

8. Bruno Latour and Peter Weibel (eds.)『Critical Zones: The Science and Politics of Landing on Earth』(Cambridge, MA: Cambridge MIT Press, 2020) に収められた Nikolai Schultz「New Climate, New Class Struggles」

富裕層が抱く見果てぬ夢は、普通の人々の薄汚い居住地から完全に切り離されたテリトリーを持つことである。現代文明が滅んだあとを描いた数々のヒット映画を考えれば分かる。たとえば、ニール・ブロムカンプの『エリジウム』の舞台は二一五四年、富裕層が巨大な宇宙ステーションで暮らす一方、それ以外の一般市民は、ラテンアメリカの貧民街ファヴェーラを思わせる、荒廃した地球に住んでいる。現実に、富裕層は何らかのカタストロフィに備えて、ニュージーランドに別荘を買ったり、ロッキー山脈にある冷戦時代の核シェルターを改装したりしているわけだ。だが、パンデミックで悩ましいのは、誰も完全な隔離はできないということだろう。切断できないへその緒のように、汚染された現実との最低限のつながりはどうしても断つことができないのだから。

六月末の今になって思い返すと、ＣＯＶＩＤ－19パニックの当初二カ月が懐かしい光の中に浮かんで見える。外出制限の真っただ中だったが、一、二カ月もすればある程度、普通の生活に戻れるだろうと誰もが思っていた。米国立アレルギー感染症研究所のファウチ所長ですら、夏のバケーションを楽しみにしてよいと国民に向けて発表したぐらいだ。外出制限は一時的な例外措置だと考えられていたし、多忙すぎた生活の中で家族と過ごすつかの間の平穏だとか、本を読み音楽を聴く時間だとか、料理の手間を楽しむ機会だとか、むしろ活動停止は歓迎されもした。そのうち終わると思っていたからである。

だが、クラスターがそこかしこで次々と発生し、今や事態は「もぐらたたき」だ。アメリカ、ブラジル、インドなど、各国での流行爆発は言うまでもない。実際、最近になってようやく我々は、このウイルスとの共存を学ばねばならない新時代に入ったことを認めざるを得なくなった。状況は定まらず、このパンデミックがどの方向に進むのかさえ明確に示されない。ドイツのウイルス学者ヘンドリック・シュトレークが端的に言うように「第二波や第三波は、ない。あるのは永続波《パーマネントウェーブ》だけ」なのか。[9]

9. https://www.welt.de/vermischtes/article210530869/Streeck-zu-Corona-Infektionen-Keine-zweite-oder-dritte-Welle-wir-sind-in-einer-Dauerwelle.html

それにしても、我々はＣＯＶＩＤ-19の統計に気を取られ過ぎだ。多くの人が統計サイト「ワールドメーター」で感染者数、死者数、回復者数を常時チェックしている。この数字への強いこだわりは、今も多くの人ががんや心臓発作、環境汚染、飢餓、武力紛争、ドメスティック・ヴァイオレンスで死に瀕しているという紛れもない事実を忘れさせてしまう。まるで、ＣＯＶＩＤ-19が完全に制圧できれば、人間の抱える問題の原因が大方消え去るかのようだ。実際は、人生はこれからも多くの苦しみに溢れたままだし、ある意味、人生そのものが、しばしば無意味な苦難とともに、痛みを伴って終わる悲劇なのに。

さらに今、パンデミックと環境問題の関連性が鮮明になりつつある。ＣＯＶＩＤ-19は収束させることができるかもしれないが、地球温暖化にははるかに大胆な措置が必要だ。「気候と生態系の危機は、今日の政治・経済システムの中では解決できない」と言ったグレタ・トゥーンベリは正しい。[10] ＣＯＶＩＤ-19への対応で発動させたような全世界的な総力の結集は、地球温暖化や環境汚染についてこそ一層強力に必要なはずだが、この方向にはいつまでも行動を起こそうとしない。トゥーンベリは、アンデルセンの物語をもじって言う。「王様たちは裸だ。一人残らず。この社会全体が、一つの大きなヌーディスト・パーティーでしかない」。

最も頑固な懐疑派ですら納得する地球温暖化の例をひとつ挙げよう。シベリアで長期にわたって熱波が発生しており、二〇二〇年の前半六カ月だけでも、頻発する山火事や膨大な原

10. https://www.ecowatch.com/greta-thunberg-2646241937.html

油の流出、樹木を食い荒らす蛾の大発生が発生したという。ある報道機関によると、「ロシアの北極圏の村々では異常な暑さが記録されており、六月九日にはニズニャヤペシャで気温が三十度に達した。（中略）今月、シベリアでディーゼル燃料が流出し、プーチンが非常事態を宣言するに至った事故の一因は、永久凍土層の融解である。貯蔵タンクの基礎部分が突然沈下したのだ[11]」。長年凍りついていた細菌やウィルスが永久凍土の融解と共に復活するのを待ち構えているなど、考えるだに恐ろしい。

　COVID－19と世界中で巻き起こっている人種差別への抗議運動との関係にも、同じことが言える。「ブラック・ライヴズ・マター」という主張をめぐって今も続く議論（なぜ「オール・ライヴズ・マター」と言うべきでないかなど）に対する唯一の有効な回答は、今、アメリカを駆け巡っている素晴らしく残酷なミーム、「ノー・ライヴズ・マター」と書いたポスターを手にするスターリンの画像である（このミームを生み出したオーストラリアでのスターリン主義者による殺害についての論争は、ここではいったん措く）。この挑発的な言葉の中にある事実は、命そのもの以上に重要なものがあるということだ。これは、黒人に対する警察の暴力に抗議する人たちが最も訴えたいメッセージでもあるのではないだろうか。黒人（とその支持者たち）は、単に生き延びることを求めているのではなく、自由で平等な市民として尊厳を持って扱われることを要求している。そのために、リスクを冒し、時には自分の命すら賭けているのだ。だから、たとえCOVID－19の拡大や感染のリスクが高ま

11. https://www.theguardian.com/environment/2020/jun/17/climate-crisis-alarm-at-record-breaking-heatwave-in-siberia

るとしても、彼らは抗議活動に集まることを躊躇しない。

　ジョルジョ・アガンベンは、〝命〟を単なる〝生存〟に貶めることだとして、国家が強制するロックダウンや外出規制を拒否した。ロックダウンに従うことは、生き残るためなら生きがいすら断念する覚悟の表明だという意味では、彼は正しいことになるのだろうか。十分に人間らしくあり続けるためには、（感染の危険性に身を晒すという）命のリスクを冒さなければならないのか。だが、この考え方が抱える問題は、今、ロックダウン撤廃論の中心になっているのが、新右翼ポピュリストだという点である。彼らにとっては、ロックダウンからマスク着用の義務まで、同様の制限措置は何でもかんでも自由と尊厳の侵害になってしまう。これに対して我々は、新しい疑問を突きつけて対抗しなければならない。ロックダウンや隔離の廃止は、普通の労働者にとって、はたして何を意味するのかと。生き残るために安全とは言えない世界に出て行って、感染のリスクを負わなければならないのは、他でもない労働者たちではないのかと。

　ここで、ある論点が見えてくる。ＣＯＶＩＤ‐19パンデミックが経済に与える影響には矛盾があるという点である。一方では、パンデミックのお陰で、当局は最低所得保障や国民皆医療など、共産主義を指向するかのような政策を取らされている。だが、この予想だにしなかった共産主義への扉は、コインの一面でしかない。なぜなら同時に企業が富を蓄え国家によって救済されるという、正反対のプロセスも猛烈に主張されているからだ。つまり、〝コロナ資本主義〟の輪郭が徐々に明らかになるとともに、新しい形の階級闘争が生まれつつあるということだ。フィラデルフィアの作家で学芸員のジョシュア・サイモンを引用する。

> アメリカの各都市では、ここ数十年で最大規模の家賃不払い運動が起きている。労働者のストライキや職場放棄は少なくとも百五十件にのぼり（中でも注目すべきは、アマゾンの流通倉庫の従業員たちの行動）、難民収容施設ではハンガーストライキも起きている。ところが他方、アメリカの超富裕者たちは、新型コロナのロックダウンの当初、わずか二十三日の間に二千八百二十億ドルを集めたという調査があるのだ。パンデミックとロックダウンに伴って不平等が急送に拡大したことを、否が応でも認識させられる。仕事を失う人がいる一方で、巨大企業とすでに極めて裕福な人々に対しては、圧倒的に有利な巨額の緊急援助が与えられる。さらに、エッセンシャルワーカーと呼ばれる人たちは、否応なく働き続けるしかない。[12]

さらに、パンデミック下の（西洋における）労働を特徴づけるこの〝新しい搾取〟、その最も顕著な現れが、サイモンの言葉を再び借りれば「コストの労働者への転嫁である。病気休暇もない人々から、ブロードバンド回線とラップトップパソコンを使って自宅から授業をする教師まで、今、家庭があらゆる生産的・再生産的労働を担っている」のだ。

12. https://socialtextjournal.org/periscope_article/the-sign-language-of-the-tiny-hands-of-the-market/

この状況において、生産手段を所有し、それを操作する労働者を雇用するのは、もはや資本家ではない。「労働者が生産手段を持ってくる。まさに、アマゾンの配達員やウーバーのドライバーにこれが起きている。自分の車を仕事に使い、ガソリンも自費で入れ、保険も運転免許も自前である」。

　ここでサイモンが思い出すのは、ロックダウンに反対する集会でサラ・メイソンという女性が掲げていたプラカード「ソーシャルディスタンスは共産主義だ」だ。しかし、距離をとることを止めたとき我々が手に入れるのは、ほかでもない、生産手段を所有し感染リスクの中を企業のために使い走りをする、彼ら労働者の見かけの〝自由〟なのである。ここにあるパラドクスは、ロックダウン中に自宅で働くことと、料理や荷物の配達に走り回ることという、コロナ経済の典型的な労働のバリエーションは、実は、いずれも資本に取り込まれることであり、〈超搾取（extra-exploitation）〉に他ならないということだ。

　よって、サラ・メイソンのプラカードへの回答はこうなる。「そうだ！　だからこそソーシャルディスタンスが必要だ！」。ただし、それ以上に我々に必要なのは、経済回復か人命かという消沈するような選択をせずにすむ、新しい経済秩序である。

六月二十一日、ドイツのシュトゥットガルトの中心部で発生した「未曽有の規模の」暴動について、各メディアは盛んに当局の動揺の大きさを報じた。四、五百人の騒ぎ好きがショーウィンドウをたたき割ったり、商品を略奪したり、警官を襲撃したり、一晩中暴れまわった。だが警察は（暴力の鎮圧に四時間半を要したが）、この「内戦のような状況」の背景に政治的動機があることを否定し、「パーティーやイベント」の延長の犯行だったと説明[13]。COVID-19によりバーやパブが依然閉店しているために、騒ぎが公衆の面前で発生しただけというわけである。

ドイツに限った話ではない。六月二十五日には、イングランドの海岸がソーシャルディスタンスを無視した人々で埋め尽くされた。あるニュースサイトによると、「一帯は日光浴をしようとする人と車でごった返し、交通渋滞が発生。ビーチのゴミの山を片づけようとした清掃員が暴言や脅しを受け、飲みすぎや喧嘩による事件も多数発生した[14]」。このような暴力の噴出には、ソーシャルディスタンスや自粛によって動けないことへの反動が容易に見て取れる。今後もこうした行動が世界中で続くことは、予想に難くない。

13. https://www.theguardian.com/world/2020/jun/21/hundreds-run-riot-in-stuttgart-city-centre-after-drug-checks

14. https://edition.cnn.com/2020/06/26/football/liverpool-fans-police-criticize-gathering-anfield-title-win-spt-intl/

ここで我々は、世界中に広がっている人種差別への抗議デモも同じ理屈ではないかと、あえて疑念を表すべきだろう。それが無意味な暴力の噴出などではなく、進歩的な理念の表現であってもだ。なぜなら、反人種差別運動に身を投じている数万の人々は、訳の分からないウイルスとの闘いなどでなく、明確な敵を相手にした〝ただの〟社会的闘争がまたできるという、一種の安堵を感じているのだから。

むろん、全く違うタイプの暴力の話である。ボーンマスのビーチでは、ただ普通の夏休みを楽しみたい人々が、それを邪魔しようとする相手に暴力的に対応した。シュトゥットガルトでは、略奪や破壊、つまり暴力そのものから享楽が生まれた。最悪でもせいぜい暴力的なカーニバル。明らかな解放をめざす意図など微塵もない盲目的な熱狂の爆発である（案の定、左派はこれを消費主義や警察の統制に対する抗議行動だと解釈しようとしたが……）。

一方、（多くは非暴力的な）人種差別抗議デモは、闘争の崇高な解放主義的大義のために、当局の命令や規制を無視したわけだ（この種の暴力は、西洋先進諸国では主流であるが、イエメン、アフガニスタン、ソマリアといった第三世界ですでに起こりつつある、今後間違いなく爆発するであろう最大規模の暴力については、ここでは触れない。六月二十七日のガーディアン紙の報道によると、「拡大する暴力と深刻化する貧困、飢餓ですでに足元が揺らいでいる国々にパンデミックが追い打ちをかければ、この夏は、世界が目にしたことのないようなカタストロフィの入口になると予想される[15]」）。

15. https://www.theguardian.com/world/2020/jun/27/toxic-mix-of-violence-and-virus-sweeps-poorest-countries-warns-war-reporter-lyse-doucet

この三種類の暴力には違いがあっても、共通の特徴がある。いずれも最低限一貫性のある社会政治的な計画を表明してはいない点だ。反人種差別運動だけはこの基準を満たしているように見えるが、人種差別と性差別の痕跡を撲滅しようという〝ポリティカリー・コレクト〟な熱意にとらわれている限り、それは果たせない。その熱意は、むしろ対極にある新保守主義的な思想統制に近づきすぎるからだ。

六月十六日、ルーマニアの議会は、すべての教育機関に対し、「ジェンダーを生物学的性差と切り離した概念とするジェンダーアイデンティティの理論や意見を広める」ことを禁じる法案を可決した。[16] この法律については、中道右派の上院議員で大学教授のブラド・アレクサンドレスクですら、「ルーマニアは、ハンガリーやポーランドが推進した立場に同調し、思想警察を導入する政権になりつつある」と言っている。[17] ジェンダー論の直接的な禁止は、むろん、新右翼ポピュリストの従来からのやり口だが、パンデミックが新たにその後押しになっている。なぜなら、典型的な新右翼ポピュリストは、パンデミックは多文化主義や〝ノンバイナリー〟の多元主義に支配されたグローバル社会の究極の結果だと考えており、よって、パンデミックとの闘いは、強固な伝統的価値観を伴う特定の文化に根差した、国家主義を重視した社会を作るための闘いだと信じているからだ。

パンデミックが、サウジアラビアやカタールのような原理主義国家を崩壊させつつあるという反論は当然ある。が、それはさておき、〝思想警察〟に議論を絞ろう。

16. http://www.cdep.ro/pls/proiecte/upl_pck2015.proiect?idp=18210
17. https://www.euronews.com/2020/06/17/romania-gender-studies-ban-students-slam-new-law-as-going-back-to-the-middle-ages

思想警察の究極の形は『禁書目録』である。禁書目録改訂委員会が異端もしくは反道徳的と見なした書物のリストで、カトリック教徒は掲載された書物を許可なく読むことを禁じられた。このリストは定期的に改訂もされて、近世初期から一九六六年まで効力を有していた。この期間に欧州文化に名を遺した者はすべて、哲学分野ならデカルト、カントから、サルトル、ボーヴォワールまでが含まれる。私の友人のムラーデン・ドラーが数年前に指摘したとおり、このリストにどこかの時点で載った書籍や作家が存在しなかったとしたら、欧州文化には荒れ地しか残らないだろう。この話をするのは、文化と教育からあらゆる人種差別と性差別の痕跡を排除しようとする最近の動きは、カトリック教会の目録と同じ轍を踏む危険性をはらんでいると考えるからである。人種差別やアンチフェミニズムがわずかでも覗える作家をすべて切り捨ててしまったら、何が残るだろう。文字どおり、すべての偉大な哲学者や著述家が消え去ることになる。

デカルトを見てみよう。彼は一時、『禁書目録』に掲載されただけでなく、西洋覇権主義――内在的に人種差別主義かつ性差別主義――の哲学的な祖としても広く認知されている。だが、〈普遍的懐疑〉というデカルトの考え方の基礎になった経験は、自分の伝統は他者には〝風変わりな〟伝統にしか見えないという、まさに「多文化的な」経験であることを忘れてはならない。『方法序説』の中で書いているように、デカルトは旅の中で、「我々の伝統や習慣に反しているといっても、必ずしもそれは野蛮や粗野ではなく、我々と同等かそれ以上に理由があって、その伝統や習慣が維持されているのかもしれない」ことに気づいた。だからこそ、デカルト派哲学者にとって、民族的ルーツと国民的アイデンティティは、単なる〝真実の一カテゴリー〟に留まらないのである。

これはまた、デカルトが女性に受け入れられやすかった理由でもある。初期の彼の読者が言ったように、〈コギト（cogito）〉、つまり純粋な思考の主体には、性別がない。今日、性的アイデンティティをめぐって、それは社会的に構築されるのであって生物学的に決定されるのではないという主張があるが、その主張はデカルト派の伝統の背景に置いてこそ可能である。デカルトの思想がなければ、現代のフェミニズムも反人種差別もない。だから、時として人種差別や性差別に陥ったことはあっても、デカルトは賞賛されるに値するし、この同じ基準を過去の偉大な哲学者すべて、プラトン、エピクロスから、カント、ヘーゲル、マルクス、キルケゴールにまで適用すべきである。現代のフェミニズムと反人種差別は、この解放をめざした長い伝統から出現したのであり、この高貴な伝統を下劣なポピュリストや保守派にゆだねるなどということは、狂気の沙汰にほかならない。

同じ議論は、多くの疑惑の政治家にも当てはまる。トーマス・ジェファーソンは確かに奴隷を所有しており、ハイチ革命に反対もしたが、後の黒人解放の政治イデオロギー的基礎を築いた。もっと一般的な例で言うと、西ヨーロッパ諸国は、アメリカ大陸の侵略において、おそらく世界史で最大の大量虐殺を引き起こした。だが、ヨーロッパ思想は、今日の我々がこの恐怖の全容を理解するための政治イデオロギー的基礎となっている。ヨーロッパに留まらない。若き日のガンジーは、南アフリカでインド系移民の平等な権利のために戦ったが、黒人の窮状には無関心だった。それでも、前例のない規模の反植民地運動を成功に導いたのである。

したがって、我々は、過去については（特に現在にも影響している過去については）容赦なく批判すべきだが、自己卑下に屈してはいけないのだ。自己卑下にもとづいた他者への尊敬は、常に、また定義上、虚偽である。現代の社会で人種差別抗議デモに参加する白人は、多くが偽善的にその罪悪感を楽しむ上位中流階級だというのはパラドクスである。おそらく、彼らは、アルジェリア独立運動の指導者フランツ・ファノンの見識に学ぶべきだろう。誰も彼を十分に過激でなかったと糾弾することなどできない。

　ひとりの人間が精神の尊厳を勝利せしめるたびに、ひとりの人間が彼の同胞を奴隷化する企てにノンと言うたびに、私はその行為との連帯を意識したのだ。私は、決して、黒い皮膚を持つ民族の過去から私本来の使命を絶対に引き出すべきではないのだ。（中略）私の黒い皮膚は特有の価値を蔵しているのではない。（中略）黒人であるこの私は、私の人種がいかなる点で他の人種に優っているか、または劣っているかにかまける権利を持たない。黒人であるこの私は、私の人種の過去に対する罪責感が白人の

> うちに結晶化することを願う権利を持たない。黒人であるこの私は、旧主人の誇りを踏みにじる方法に頭を悩ます権利を持たない。私は飼い馴らされた私の祖先たちのために償いを要求する権利も義務も持たない。（中略）今日の白人に十七世紀の奴隷商人どもの責任をとることを要求しようとするのだろうか？ あらゆる手段を尽くして白人の心のうちに〈罪責感〉を植え付けようとするのだろうか？（中略）私は私の父祖を非人間化した〈奴隷制〉の奴隷ではない。[18]

白人の一般的な罪悪感という概念を否定するなら、当然、白人の相も変らぬ〝ポリティカリー・コレクトな人種差別〟にも一切の寛容を示すべきではない。典型的な例が、セントラルパークで撮影された悪名高いエイミー・クーパーの動画だろう。[19] ラッセル・スブリグリアが言うとおり、

> この動画の最も奇妙で不快な点は、彼女が警察に電話する前に黒人男性本人に対して、また、電話がつながってからは警察官に対しても、はっきり「〝アフリカ系アメリカ人の男〟に脅かされている」と言っていることだ。まるで、適切なポリコレ用語（〝黒人〟ではなく〝アフリカ系アメリカ人〟）を習得しているのだから、自分のしていることは人種差別ではありえないとでも言うように。[20]

18. Frantz Fanon『Black Skin, White Masks』(New York, NY: Grove Press, 2008), pp. 201-206 フランツ・ファノン『黒い皮膚・白い仮面』（海老坂武訳、みすず書房、1998年／2020年）

ひねくれた罪悪感を楽しむ（そして本当の犠牲者を下に見る）のではなく、我々に必要なのは積極的な連帯である。罪悪感と被害者意識は、我々の動きを止めてしまうからだ。自分自身とお互いとを責任ある大人として扱い、ともに行動するときにのみ、我々は人種差別と性差別を克服することができるのである。

19. https://www.cnn.com/2020/05/26/us/central-park-video-dog-video-african-american-trnd/

20. ラッセル・スブリグリアからの私信より

第五章　父……あるいは、それ以下

ベラルーシで起きた抗議デモのニュースを聞いたとき、最初に思い出したのが、シャーロック・ホームズとスコットランドヤードの警部の間のよく知られたやり取りである。この『白銀号事件』には「夜間に見られた犬の奇妙な行動」が出てくる。


「他に何か注目すべき点はありますか？」

「あの晩の犬の奇妙な行動はどうでしょう」

「でも、犬はあの晩、何もしていませんが……」

「それが奇妙なんですよ」


パンデミックに対する政府の無策も、ルカシェンコへの批判が高まった理由のひとつだが、この大規模デモでＣＯＶＩＤ－19の議論は聞かれなかった。ベラルーシの状況についてジャーナリストが専門家に尋ねる場面を想像するなら、さしずめこうなる。

「ミンスクの抗議デモについて、他に何か注目すべき点はありますか？」
「ミンスク中央広場でのコロナウイルスに関する奇妙な行動はどうでしょう」
「でも、コロナウイルスについては、ほとんど触れられなかったですが……」
「それが奇妙なんですよ」

ルカシェンコと抗議デモには、ＣＯＶＩＤ－19を無視するような態度が共通している。ミンスクの市民はソーシャルディスタンスを気にする風もなく、マスク姿もほとんど見られなかった。ルカシェンコもＣＯＶＩＤ－19の危険性に逆らう態度を取り続けており、五月八日には旧ソ連の戦勝記念日のパレードを自慢げに挙行した（ただし、ベラルーシは近隣諸国よりも上手くパンデミックに対処していることは、押さえておくべきである）。

自由を愛するリベラル派は、これがＣＯＶＩＤ－19の脅威も古き良き大規模デモにはかなわない証拠だと、さぞや熱狂しているに違いにない。少なくともつかの間、パンデミックは二の次の扱いになって、ミンスクは新たなキエフとして〝ヨーロッパ最後の独裁者〟を大衆が転覆させるという旧知のシナリオが戻ってきたのだ。

しかし、この喜ばしい民主主義の熱狂にも、盲点がある。もちろん、ルカシェンコは奇矯な権威主義的リーダーで、逆らう者は逮捕し、報道の自由はほとんど認めない、鉄拳で国家を運営するとんでもない人物なのであり、抗議デモは支持されるべきである。それでも、彼を失敗例だと簡単に片づけることはできないのだ。ベンジャミン・ビダーは「ルカシェンコの消えゆく社会モデル」と題した記事の中で、「長きにわたり、彼はベラルーシにささやかな福祉をもたらしてきた。それで近隣諸国でも非常に人気があった。ただ彼の経済モデルは窮地に陥っている」と書いている。[21] 確かにルカシェンコは経済の安定や安全、秩序を達成した。国民一人当たりの所得は〝自由な〟ウクライナよりも高いし、はるかに平等主義的な方法で分配されている。だが、ロシアから安い原油を買い西側に売って儲けていた彼の主要な営利企業は、原油価格の低迷で終焉を迎えており、彼に時間は残されていない。

　ベラルーシの現在の抗議デモは、西洋のリベラル資本主義の正常性に復帰することをめざす、遅れを取り戻すための抗議活動だと言える。その中では、現に先進国を悩ませている重大な問題は直接論じられてはいない。だから、この抗議活動が勝利したら、最初の熱狂が冷めた直後からそうした問題が持ちあがるだろうと容易に想像できる。そして最終的な結末は、国家保守主義が度を増したルカシェンコの新バージョン、あるいはベラルーシのオルバン、カジンスキーになってしまうかもしれない。つまり、何が過去のルカシェンコの相対的な人気を支えた理由かを忘れてはならないということだ。彼が許されたり、一部では受け入れられてさえいるのは、野放しのリベラル資本主義の被害（汚職、経済社会的な不確実性など……）から身を守る避難場所を提供したからである。今、状況は明白だ。大多数の国民が暴君の排除を望んでいる。だが、問題は人々が勝利した〝あと〟の民主主義において、誰に

21. https://www.spiegel.de/wirtschaft/belarus-alexander-lukaschenkos-schwindendes-geschaeftsmodell-a-0bfac8e5-b9ec-4aac-98bd-70851bce16a8

対して抗議するのか。目に明らかな暴君がいなければ、裏で糸を引いている〝インビジブル・マスター〟探しの誘惑が待っている（たとえば、〝ディープステート〟をコントロールするユダヤ人……）。

ルカシェンコは支持者の間では愛情をこめて「batka（父）」と呼ばれている。と聞けば、ジャック・ラカンの晩期の講義タイトル「...ou pire（あるいは、それ以下）」がおのずと思い出される。ラカンはこの講義で「le pere ou pire（父あるいはそれ以下）」という表現を使って、家父長制に対する抵抗の最終的な結末が、駆逐された家長よりもひどいリーダーである可能性を警告している。

ここ数年、世界を揺るがしている抗議活動は、二つのタイプの間で揺れている。一方には、〝追いつくための〟抗議――たとえば、香港やミンスクの抗議活動があり、西洋のリベラルメディアからの支持を享受している。もう一方には、リベラル民主主義の構想そのものの限界に反応した、より厄介な抗議――黄色いベスト運動や、ブラック・ライヴズ・マター、エクステンション・リベリオンなどがある。

この二種類の関係は、アキレウスと亀の有名なパラドクスに似ている。亀を百メートル前方からスタートさせて徒競走する話だ。アキレウスは一定時間内に百メートル走って亀がスタートした地点に到達する。この時間内に亀が走った距離ははるかに短く、たとえば二メートルとしよう。だが、アキレウスがその二メートルを走るのに時間がかかり、その間に亀はまた少し前進している。さらにその第三地点にアキレウスが到るまでの時間に、亀も前進する。こうして、亀がいた地点にアキレウスが到達するたびに、亀との間に距離が残る……。だが時間の座標を少し変えてみる。アキレウスが二百メートル走る時間内に亀は四メートルしか進まないということなので、亀はアキレウスのはるか後方に取り残される。するとおのずと導かれる結論は、アキレウスは亀に決して追いつくことはできないが、簡単に追い越すことはできる、となる。

　このアキレウスを「民主主義的な蜂起の力」に置き換え、亀を「リベラル民主主義的な資本主義」に置き換えれば、すぐに気づくだろう。ほとんどの国はこの理想に近づくことができない。そしてそれは、グローバル資本主義システムそれ自体の弱さを表しているのだ。各国に残された唯一の選択肢は、リスクを取ってこのシステムの域を越える行動だが、もちろん、それ自体が危険をもたらす。さらに言えば、民主主義を求める抗議者たちがリベラル資本主義の西洋に必死で追いつこうとしている一方で、先進西洋諸国自体は、経済的にも政治的にも、ポスト資本主義・ポストリベラル時代とでも呼ぶしかない、当然ディストピア的な段階に入りつつある兆候が、無視できないほど明らかである。

　ギリシャの経済学者ヤニス・ヴァルファキスは、最近イギリスとアメリカでの過去最悪の景気悪化が発表されたときに、両国の株式市場が記録的な高値となったことに、この来るべき未来の兆候を指摘している。[22] 単純な事実（ほとんどの高値は、グーグルやテスラのような

22. 私信による

少数の優良企業が動かしている）で一部は説明できるものの、全体的な傾向は、金融的流通や投機と生産との分離の傾向である（この現象は、新しいタイプの〈知っていると想定された主体（subject supposed to know）〉の台頭とよく似ている。その一例がヤフー記事のタイトル「心と体に効くバフェット（Buffet on Mind and Body）」だろう。今日、人生の様々な側面について助言を期待される者は、偉大な科学者でも、芸術家でも、生産的な発明家でもなく、普遍知を体現化し形而上学的な疑問にも洞察を与えられる〝金融投資家〟なのだ）。

赤字を出しながら拡大を続けるネットフリックスは、生産からの分離の典型例だろう。したがって、本当の選択は、どんな種類のポスト資本主義になるのか、なのである。

民主主義の現状については、メディアの特集記事を見れば十分だ。ポーランドでは、リベラル派の著名人たちが、自分たちは民主主義の解体の傍観者になりつつあると嘆いている。アメリカでは、トランプは民主主義の深刻な脅威だとオバマが警告しているそばで、トランプ本人は望む結果が出なければ大統領選挙の結果を認めない姿勢をちらつかせている。ルカシェンコと、一体どこが違うというのか。

だから、ベラルーシの抗議者たちの幸運を皆で祈ろう。彼らが勝てば、ＣＯＶＩＤ‐19への懸念が猛烈な勢いで再燃することになる。環境問題から新しい貧困まで、数々の喫緊の問題とともに。ベラルーシには幸運に加え、勇気も必要になる。

アイルランドで国内の公営医療を統括する保健サービス委員会が、ＣＯＶＩＤ－19流行期のセックスについてガイドラインを発表した。

「体と体、顔と顔の接近はしばらく控えることを考えましょう。特に、普段インターネットでパートナーを見つけている人や、セックスで生計を立てている人は要注意です。ビデオデート、セクスティング（セクシーなメッセージや写真を送り合う）、チャットの利用も良いかもしれません。他の人と共有しているキーボードやタッチスクリーンは消毒してください。マスターベーションは、コロナウイルスを拡散させませんが、その前と後に、石鹸で二十秒以上、手（と性具も）を洗うことを忘れずに[23]」

体の接触で広がる感染拡大のさなかにあって、これは十分合理的で常識的なアドバイスだが、生活のデジタル化とともにすでに起きつつあったプロセスをまとめたに過ぎないことも指摘されるべきである。今どきの若者は、性的関心の探求よりも、インターネットやドラッ

23. https://www.sexualwellbeing.ie/sexual-health/sex-and-coronavirus

グの探索により多くの時間を使っていることを統計が示している。彼らがセックスに関わるとしても、（あらゆるハードコアのポルノが見つかる）サイバー空間のほうが簡単だし、すぐに満足できるのではないだろうか。

　同じ理由で、アメリカの新しいテレビドラマ『ユーフォリア』は、今日の高校生とほぼ真逆の高校生活を描いていると言える（公式サイトでは、「ドラッグやセックス、バイオレンスなどに溺れるティーンネイジャーがソーシャルメディア社会で生きる難しさや葛藤、その中で幸せやアイデンティティを掴もうともがく姿※」を描くとされている）。今の若者の現実からは乖離していて、不気味なほど時代錯誤的であり、むしろ、かつての若い世代が堕落していた様を懐かしむ中年の郷愁を誘っている。

　しかし、我々はここでもう一歩踏み出して考えなければならない。バーチャルや空想で埋め合わせるのでない〝リアルな〟セックスが、もし完全に無くなってしまったらどうなるか。マスターベーションは、通常「一人もしくは複数のパートナーをイメージしながら自分でする」ものと理解されているが、もし、セックスが、常に（ある程度）「リアルなパートナーと一緒にするマスターベーション」になってしまったらどうなるか。

　ここで私が言おうとしていることを、エヴァ・ワイズマンがガーディアン紙でコメントしている。「ジョン・ロンソンのポッドキャスト新シリーズ『バタフライ・エフェクト』は、インターネットポルノの影響を扱った番組だが、その中で、撮影に臨んでいるポルノ男優が

※訳注：日本版公式サイトより https://www.star-ch.jp/drama/euphoria/

最中に萎えてしまい、もう一度勃起させようと、裸で横たわる女優に背を向けてスマートフォンを握りしめ、ポルノ動画サイトを検索し始めた場面があった。私はこれに漠然とした終末論的な印象を受けた[24]」とワイズマンは言い、「セックスで何かが腐っている」と『ハムレット』の一説を使って結論している。

私はこれに精神分析の見識を付け加えたい。「セックスで〝構造的に〟何かが腐っている」。人間の〈性愛（sexuality）〉は本質的に、サドマゾの反転や、特に現実と空想の混在に晒されて、倒錯したものである。パートナーと二人きりのときでも、相手との（性的な）相互作用には自分の空想が密接に絡み合っている。言い換えれば、すべての性交渉は、潜在的に「リアルのパートナーと一緒にするマスターベーション」として構成されているのだ。自分の空想を現実化し実行するために、パートナーの肉体を小道具として使っているわけだ。

パートナーの肉体の現実と空想の世界とのギャップを、家父長社会や社会的支配、あるいは搾取が生み出す歪みだとまとめることはできない。このギャップは最初から存在するからだ。だから、勃起を取り戻すために動画サイトを検索した男優のことは十分理解できる。彼は演技のために空想の助けを求めていたのだ。同じ理由から、人は性行為の一部として、相手に（大抵は〝汚い〟言葉で）しゃべり続けることを求めたりする。腕の中に実物（愛する人の裸体）があるときですら、その存在には言葉による妄想の補完が必要なのである。

男優は女優と恋愛関係にあるわけではないため、動画検索の作戦は効果的だった。彼女の

24. https://www.theguardian.com/lifeandstyle/2019/dec/08/rough-sex-and-rough-justice-we-need-a-greater-understanding-of-consent

肉体は彼にとっては基本的に生きたセックスロボットである。もしセックスのパートナーと情熱的に愛し合っていたら、彼女の肉体は大きな意味を持っていたはずだ。彼女に触れる動作一つひとつが、彼女の主観性の中核をかく乱するからだ。本当に愛する相手と抱き合うとき、その体に触れることは非常に重要である。したがって、性欲は肉体の問題で、愛は精神の問題だとする常識は、ひっくり返すべきである。性的な愛は、愛のないセックスよりも肉体的なのである。

最近のＶｉｃｅ誌の「ロックダウンで、セックスドールの売上げが激増」というタイトル[25]にも、何も驚く必要はないように見える。パンデミック対策としてソーシャルディスタンスが課せられ、体の直接の接触を避けているという当たり前の説明で十分だろう。

ところが、記事を詳細に読むと、この説明では足りないことがわかる。セックスドールの売上の大多数は、既婚のカップルによる購入なのだ。どういうことだろう。ラカン派精神分析学者デュアン・ルセールは、「多くの人が、パンデミックで以前より相手とより強い結びつきを感じている」ことにヒントがあるという。セックスドールの売上急増は、「結びつきが過度に強調されるという特徴を持つパンデミックの中で、性的な関係にバリアを張ろうとする意図の現れである。性的関係を打開しようとするのではなく、むしろ塞いで、現実の性交の機会を減らそうという意図がある」としている。[26]

ここに気の利いた弁証法的な反転が作用していることに注目したい。パンデミックの真の

25. https://www.vice.com/en_us/article/7kpmpb/covid-19-lockdowns-have-led-to-a-huge-spike-in-sex-doll-sales
26. 私信による

問題点は社会的な孤立ではなく、むしろ他者や社会的つながりへの過度の依存なのだ。外出規制ほど他者への依存を高める状況があるだろうか。

典型的な既婚カップルにとって、セックスを避けるいつもの言い訳（「ごめんね、今夜は「なし」だね。友達の家に行かなくちゃならないんだし……」、あるいは、「仕事を片づけなくちゃならなくて……」）は自粛期間中には通用しない。お勧めができない理由を熱心に探すあまり、二人の間に樹脂製の人形を差しはさむことになる。性的関係の障害物を務めるものが、すこぶるセクシーに造られた物体であるというのはパラドクスだ。

では、長期化するパンデミックによって性愛は制限され、手の届かない遠くから恋人に愛をささやくような恋愛の形が広まるのだろうか。このパンデミックで、体の接触のないデジタルのセックスゲームが加速するのはまず間違いない。しかし、願わくば、親密な肉体の関係に対する新しい評価も、このパンデミックから生まれてほしい。土くれ――不活性の湿った物質――は精神性の反対にあるのではなく、精神性の培地そのものだというアンドレイ・タルコフスキーから学ぶべきだろう。彼の自伝的傑作映画『鏡』のなかで、父親のアルセニー・タルコフスキーは自作の詩を朗読する。「魂は肉体がなければ罪深い。服を着ない肉体のように」。ハードコア動画でするマスターベーションは罪深い。一方、肉体の触れ合いは魂に通じる道である。

八月二十八日、イーロン・マスクはロサンゼルスで記者会見し、自身の「ニューラリンク」プロジェクト成功の〝生ける証拠〟を発表した。マスクが「健康で幸せな豚」と呼んだその豚は、脳内の信号を外部のコンピューターで読み取るデバイスの移植を受けている[27]（その豚が幸せかどうか、どうやって知ったのか……）。マスクはニューラリンクの健康上のメリットを強調しながら（前例のない精神生活のコントロールという可能性には触れず）、ヒトの被験者を募っているところだとアピールした。

まずは豚、続いて人間……。即座に気づくのは、電気ショック療法とのおぞましい類似性である。電気ショック療法は、一九三八年、イタリアの精神科医ユーゴ・セルレッティが発明した。きっかけは、屠殺する前に豚に電気ショックを与える様子を見たことだった。電気ショックで豚がおとなしくなるのを見て、同じ処置を人間に試すことを思いついたのだ[28]。

これがマスクに対する、むしろ卑劣な攻撃であることは認めなければならない。「ニューラリンク」の意義を解釈する際に、極端に走るのは避けるべきだろう。〈シンギュラリティー（神的な集団的自己意識）〉への道を開く発明だと喝采すべきでも、個人の自律を失いデ

27. https://www.theguardian.com/technology/2020/aug/28/neuralink-elon-musk-pig-computer-implant

28. https://www.cchr.org/newsletter/volume4/issue3/10-facts-you-need-to-know-about-the-dangers-of-electroshock.html

ジタル機械の歯車になる予兆だと恐れるべきでもない。なぜなら、マスク本人がイデオロギーの夢に分類されるからだ。最近のインディペンデント紙の見出しはこうだ。「わずか五年で人間の言語は廃れるとイーロン・マスクが予言。『それでも感傷的な理由で実施しうる』ニューラリンク社は一年以内に人間の脳にデバイスを接続する計画[29]」。

この夢が技術的に実現可能かどうかは措くにしても、人間の頭脳が直接（言語によらず）経験を相互に共有できるとしたら、たとえばエロチックな誘惑はどうなるか。お互いの脳が接続されている二人が愛をささやくシーンを想像してみればよい。一方の思考の流れが他方にも分かるのだ。素敵だなと思っている人に、直接意図を読まれてしまうとしたら、恋の駆け引きの繊細さはどこに行ってしまうのか。その人はきっとこう言うだろう。「分かってるわよ。私とやりたくってしょうがないんでしょう？　だったらどうして、どんな映画が好きとか、ディナーに何が食べたいとか、馬鹿みたいな質問ばっかりしてるわけ。あなたと寝るなんて絶対無理って思っているのを感じないの？」瞬殺だ。

もっと根本的なことを論じるなら、我々の内的生活（思考の動き）と外的現実との距離は、自由であるという自己知覚の基本である。現実からの距離があるからこそ、我々は思考において自由なのだ。その結果、思考で遊ぶことができるし、思考実験を組み立てたり、現実に直接影響のない夢に没入したりもできる。誰も我々の思考プロセスをコントロールすることはできない。仮に内的生活が直接現実に結びついて、我々の思考が即座に実態を伴う結果と

29. https://www.independent.co.uk/life-style/gadgets-and-tech/news/elon-musk-joe-rogan-podcast-language-neuralink-grimes-baby-a9506451.html

して現れ（あるいは現実の一部である機械によって操作され）たら、思考はもはや〝自分のもの〟ではなくなり、実質的にポストヒューマンの段階に入ることになる……。

　ニューラリンクの一件は、ワイヤードブレイン状態にされた我々は人間と呼べるのかどうかという疑問のみならず、人間というときの〝人間〟は何と理解すべきかという疑問を起こさせる。近著『ワイヤードブレインの中のヘーゲル』で、私はニューラリンクが扉を開いた前例のない社会統制の新様式を含め、これらの疑問を論じている。忘れてはいけないのは、思考で直接現実のプロセスを規制できたら（コーヒーメーカーがラテマキアートを作ってくれないかなと思うだけで、本当にそうなったら）、この因果関係は逆の方向にも作用するということだ。〝心を読む〟デジタルデバイスをコントロールする誰かは、私の心をコントロールすることも、また、思考を植えつけることも可能なはずだからだ。

　ＣＯＶＩＤ‐19の新時代にあって、ウイルス対策で課せられたソーシャル（あるいは、むしろボディ）ディスタンスと、このニューラリンクの将来像とは、相互に補完的であることに気づくことが重要である。どんな補完か。感染の脅威に対する防御としての物理的な距離が、社会的な結びつきの強化につながった。そしてそれが外出制限中の家庭内にとどまらず、家庭外にも（多くはデジタルメディアを通じて）広がった。実際、その距離と結びつきの両方への反応として、物理的な近接性の爆発（レイヴ、パーティーなど）は起きている。つまり、レイヴが発するメッセージは、単に体と体の近さだけでなく、社会統制を緩めたい、社会全体から距離を置きたいという声でもあるのだ。

パンデミックと共に起こったのは、単なる共同生活から距離の確保への移行ではなく、もっと複雑な、近接性と距離の布置（constellation）の変化である。パンデミック前の社会にあった共同生活と私的領域の脆いバランスが、新しい布置に換わっている。そこでは、（外出禁止等によって）現実的・身体的な社会交流の場が消失することで、プライバシーが増えるのではなく、逆に、社会的依存や統制の新しい基準が生まれてしまうのだ。ロックダウンの中で、人々の監視にドローンまでもが使われたことを、忘れてはならない。

それゆえ、ニューラリンクの展望は、身体的に隔離された人間が防御用の透明カプセルの中で生きながら、同時に同じ心的空間を共有するという、新しい社会像にまさにぴったりだ。心的生活では、これまで想像できなかったほど、お互い緊密になっていくというわけだ……。

今、我々に必要なのは、他者との物理的な近接性だけではない。他者との心的な距離の拡大も必要なのである。

パンデミックに立ち向かう我々の基本的な選択肢は、一見、トランプ式（市場の自由と収益性の条件下で経済活動を再開する、たとえそれが数十万人の死を意味しても）と、欧米メディアから非難囂囂の中国式（完全にデジタル化された国家による個人の統制）の二者択一のように見える。しかし、アメリカでは、第三の選択肢がニューヨーク州知事アンドリュー・クオモや、グーグルの元CEOエリック・シュミットによって提唱されている（その背景にはブルームバーグ社やビル＆メリンダ・ゲイツ財団がいる）。ナオミ・クラインの解説によると、クオモやシュミットが発表したプロジェクトは「テクノロジーを市民生活のあらゆる側面に永続的に取り入れることに重点をおいて、コロナ後のニューヨーク州の現実を再考する」という提案だという[30]。クラインはこの提案を「スクリーン・ニューディール」と呼んでいる。リベラルが尊重する個人的な自由は完全に維持しながら、感染しない安全を約束しているらしい。いや、そんなにうまくいくのだろうか。

スタンダップ・コメディアンのアンソニー・ジェセルニックは、死を扱ったネタの中で、こう話す。「お祖母ちゃんは眠っている間に、幸せに息を引き取ったと僕らはみんな思って

30. https://theintercept.com/2020/05/08/andrew-cuomo-eric-schmidt-coronavirus-tech-shock-doctrine/　以下の引用もこの記事が出典。

た。でも、解剖で恐ろしい事実が分かったんだ。解剖の最中に死んだんだと」。これこそ、シュミットが行おうとする現況の〝解剖〟が抱える問題である。解剖とその結果が、実際よりも現状を破局的にするからである。この「永続的で、かつ非常に利益性の高い、非接触型の未来」の構想に対するクラインの批判的な解説を見てみよう。

この未来において、家庭はもはや完全な私的空間ではなくなる。高速デジタル通信のおかげで、家庭は学校となり、診療所となり、ジムとなり、そしてもし国家がそう決定すれば、監獄ともなる。（中略）恵まれた人々には、ほとんどあらゆるものが自宅に配達される。ストリーミングやクラウド技術を通じて仮想的に配達されたり、あるいは無人運転の車やドローンで物理的に配達されたり。そして媒介となるプラットフォーム上のスクリーンで〝シェア〟される。この未来では、教師や医師、運転手の働き口は今よりずっと少ない。現金やクレジットカードは（感染予防を口実に）使用できないし、大量輸送機関は骨と皮にやせ細り、ライヴアートは瀕死の状態である。この未来は〝ＡＩ〟が運営していることになっているが、実際は、感染症や超搾取から保護されていない場所、つまり流通倉庫やデータセンター、有害コンテンツ排除の拠点、生産性をコンピューターで監視されるオフィス、リチウム鉱山、産業型農場、食肉処理工場、刑務所、そういう場所に押し込められた何千万もの無名の労働者の手で維持されている。

この記述には、ハッとさせられる二つのポイントがある。一つは、非接触空間で暮らせる恵まれた人たちが実は最もコントロールされており、暮らし全体が真の権力者に筒抜けだというパラドクスだ。その権力者とは「政府とテクノロジー系巨大企業による前代未聞のコラボレーションである。(中略)公立学校も病院も診療所も警察も軍隊も、すべて民間のテクノロジー企業に中核機能の多くを(高いコストで)外注している」からだ。我々の存在の血液ともいうべきこれらのネットワークを、本当にグーグルやアマゾン、アップルといった民間企業の手に委ねるべきなのだろうか。これら企業が政府の治安当局と同化すれば、我々が利用するデータを検閲・操作するにとどまらず、公共空間から我々を遮断する力すら持ちうるだろう。

シュミットとクオモは、これらテクノロジー企業に対する巨額の公共投資も訴えている。だとしたら、国民が企業を所有し管理しなくてもいいのか。つまり、クラインが提案するように、非営利の公益法人にすべきではないのか。そうした動きがない限り、何らかの意味ある民主主義は、事実上、破棄されることになる。なぜなら、我々の公共の場の基本的な要素——情報と交流の共有された空間——が、民間の統制下に置かれるという意味だからだ。

二つ目のポイントは、「スクリーン・ニューディール」が、狙いすましたかのように階級闘争に干渉してくる点だ。今回のウイルス危機によって我々は、デヴィッド・ハーヴェイが〈新労働者階級〉と呼ぶ、様々な形で社会に不可欠な役割の存在に気づいた。看護、食品や荷物の宅配、ごみ収集など、あらゆる形のエッセンシャルワーカーたちだ。自主隔離が可能な我々に代わって、彼らは他者との身体的な接触の場に残り、頼みの綱となった一方、感染源にもなってしまった。だが、「スクリーン・ニューディール」計画は、恵まれた我々が安全に生き残れるように、隔離できない労働に携わり、多くは十分な防御もなくウイルスの危険に身をさらす労働階級について、その目に見える部分の役割を最小化しようとする計画である。高齢者のケアはロボットにやらせると妄想する者さえいる。しかし、この見えざるエッセンシャルワーカーたちも反撃に転じ、防御策の充実を訴えることができるはずだ。実際、アメリカの食肉加工業界では、何万もの労働者がＣＯＶＩＤ‐19に感染し、数十名が亡くなっている。同様のことはドイツでも起こりつつある。ここに新しい形の階級闘争が勃発するに違いない。

大げさな結論を導くなら、「スクリーン・ニューディール」の先にあるのは、ワイヤードブレイン、つまり我々の脳が直接（言語によらず）お互いの経験を共有する、一種のシンギュラリティー（神的な集団的自己意識）である。イーロン・マスクの「ニューラリンク」プロジェクトが実現したら、人間の言語は早々に時代遅れのものになるかもしれないという。映画『マトリックス』の中の人間と同じではないか。隔離カプセルに守られながら、精神はかつてないほど結びつく。そんなものがあったとしたら、悪夢の未来像である。

二〇一九年十月、チリで発生した抗議運動で、一つのグラフィティが壁に描かれた。「別の形の世界の終わりもありえる[31]」。これを「スクリーン・ニューディール」に対する我々の答えとすべきだろう。確かに古い世界は終わった。だが、非接触型の未来だけが選択肢ではない。別の形の世界の終わりだってあるはずだ。

31. フアン・ロドリゲスからの情報

第九章　グレタとバーニーは、どこに？

〝コロナ現象〟の観測者にとって思いがけない展開がひとつある。グレタ・トゥーンベリやバーニー・サンダースは一体どこへ消えたのか。ＣＯＶＩＤ‐19感染から回復したというグレタ本人からの簡単な通知があったものの、彼女が呼びかけた運動についてはほとんど何も聞かなくなった。バーニーが提唱していた政策（ユニバーサル・ヘルスケアなど）についても、パンデミックが席巻する今になってその必要性が世界で認識されたが、彼の姿を見たり意見を聞いたりしない。その計画や洞察が過去にもまして必要とされる政治上の重要人物たちに、パンデミックがこのような影響を与えたのはなぜだろうか。

最近数カ月、ＣＯＶＩＤ‐19の話題で環境問題は影が薄くなっていたが、ここ数週間、アメリカから地球全体に広がった反人種差別の抗議活動が、ＣＯＶＩＤ‐19すら目立たなくなるほどの勢いである。今起きているこの非常に重要なイデオロギー的・政治的闘争は、パンデミックと環境危機と人種差別という三つの領域の関係にまつわる闘争である。体制側はこの三つの領域を切り離しておこうとするし、三者間の緊張関係をほのめかしすらする。だから、今の課題は経済を回すことであり、そのためには少しぐらいは環境問題には目をつぶるべきだという意見を聞くことが多い。あるいは、無秩序な反人種差別デモはソーシャルディスタンスを守らないことが多く、感染拡大の原因になっているという意見もある。

　しかし、この種の論調に対しては、三つの領域が根本的に一体であることを強く主張すべきである。感染は人間の自然環境とのバランスを欠く関係から拡大したのであり、感染拡大は単なる健康問題ではない。また、黒人は警察の蛮行の圧倒的な対象であることに加え、自己隔離や高度な医療ケアの余裕がある白人のマジョリティーに比較して、ウイルスに対して脆弱である。つまり、我々が今立ち向かっている危機は、グローバル資本主義力学の契機として勃発した危機なのである。ウイルス感染拡大と環境危機と人種間の不安はどれも、予想されていただけでなく、すでに何十年も前から我々の社会にあったのだから。

　人種差別に対する抗議活動について言えば、「オバマ政権の八年間は、なぜアメリカの人種間の関係を変えることができなかったのでしょう」と質問されたスパイク・リーは、こう答えている。「非常にいい質問だね。でも理解しないといけない。確かに人種間の関係は悪化しているが、それは黒人大統領の実現に対する直接の反応なんだということを」[32]。なぜか。オバマが「十分に黒人ではなかった」からではなく、リベラル左派が掲げる〝ブラックアメリカン〟のイメージ――リベラルゲームのルールに完全に則りながら成功したブラックアメリカンを具現化した存在だったからである。

「黒人大統領だって誕生したじゃないか。これ以上、何が欲しいんだ」。現在の抗議活動は、

32. https://www.theguardian.com/film/2020/jun/12/spike-lee-race-relations-today-are-a-direct-response-to-having-a-black-president

この質問に対する赤裸々な回答なのである。この「これ以上」をはっきりと言うことが我々の責務だ。八年間のオバマ政権下でさえ、先立つ数十年の全体的な傾向はおおむね継続した。富める者と貧しい者の格差は広がり、巨大資本はさらに強力になったことを思い出さねばならない。

ドラマ『グッド・ファイト』（『グッド・ワイフ』の続編）のあるエピソードでは、ヒロインが目覚めるともう一つの現実にいて、そこでは二〇一六年の選挙でヒラリー・クリントンがトランプに勝利していた。ところが、その後の経緯はフェミニズムにはパラドクス的なものである。MeToo運動は起こらない。女性へのハラスメントに対する抗議活動も拡大しない。なぜなら、穏健な体制左派フェミニストが、このような運動によってクリントンが男性票を失い、再選できなくなるのを恐れているからだ。加えて、ワインスタインは、クリントン陣営のキャンペーンの大口寄付者なのである。オバマにも何か似たようなことが起きたのではないか。

スパイク・リーの『マルコムX』の中に珠玉の一コマがある。マルコムが大学でのスピーチを終えた後、ひとりの白人の女子学生が彼に近づき、黒人解放の闘争に自分は何ができるかと質問した。彼は冷たく「何もない」と言い放ち、歩き去る……。私がこのシーンを取り上げるたびに、黒人の闘争に白人は何の支援もできないという意味かと批判がくる。しかし、私（と、たぶん、マルコム）の真意はもっと綿密だ。白人リベラルは、自分が黒人を解放するかのような行動をすべきでない。解放を求める黒人自身の闘争を支援すべきなのである。黒人は自律した主体として扱われるべきであって、単なる状況の犠牲者として扱われるべきではないのである。

　では、最初の質問に戻ろう。パブリック・ドメインからグレタやバーニーが消えたのは、より求心力のある声が必要とされるウイルス危機の時代にあって、彼らが急進的すぎたことを意味するのではない。逆に、十分に急進的でなかったという意味なのだ。なぜなら、彼らは世界の新しいビジョンを示すことができなかった。パンデミックの状況下で彼ら自身のプロジェクトを再実現する、新しいグローバルビジョンが示せなかったからなのである。

第十章　今、現実世界で上映されているのはどんな映画か

我々がCOVID-19パンデミックで経験していることは、ハリウッド映画で描かれたディストピアの現実版だとよく言われる。では、我々は現実で展開されるどんな映画を見ているのだろうか。

パンデミックが始まってまだ数週間のころ、アメリカの友人から「在庫が尽きたのは薬局より銃器店のほうが早かった」と聞いて、購買者の論理を推測した。おそらく、自分たちは十分な備蓄のある自宅で安全に自己隔離することができるが、感染し腹をすかした暴徒に襲われないよう我が家を守る銃が必要だと考えたのだろう。まさにゾンビの襲撃を描いた映画そのものだ。あるいは、このシナリオの少しカオス度の低いバージョンとして、ローランド・エメリッヒの『二〇一二』のような、選ばれたエリートだけが辺境で生き残るシナリオを想像することもできる。

また、ある記事を読んだときに、もうひとつ同じようなカタストロフィ路線のシナリオが思い浮かんだ。「死刑実施州に対し、備蓄している薬剤をCOVID-19患者のために放出するよう要請があった。死刑用の注射に使われている薬剤が医療現場で決定的に不足してお

り、『数百人の命を救うために必要だ』と訴える文書に、著名な医療専門家らが署名した」という記事である。[33]

この薬剤は患者の痛みを和らげるために必要なのであって、死に至らしめるためではないということは理解した。だが、ほんの一瞬、私はあの暗鬱な映画『ソイレント・グリーン』（一九七三年）を思い出した。文明滅亡後に人口過剰になった地球を舞台としたこの映画では、荒廃した生活状況に嫌気がさした高齢の市民に、「神の家に戻る」選択肢が与えられる。政府運営のクリニックで、彼らは快適な椅子に座り、手つかずの大自然の画像を見ながら、徐々に苦しむことなく眠らされる……。実際、アメリカの一部の保守派が、経済とアメリカ式の生活を守るために、七十歳以上の国民は犠牲になるべきだと提案したが、『ソイレント・グリーン』で描かれた苦痛のない処置のほうが、むしろよっぽど〝人間らしい〟方法だったのではないだろうか。

幸い、現況はまだそこまで至っていない。ＣＯＶＩＤ－19が広がり始めたとき、これは短い悪夢で、春が来て暖かくなれば消えて無くなるものと多くの人が思っていた。映画で言えば、突然の危機の襲来（地震、竜巻……）の結果、今まで何と素晴らしい社会に住んでいたのだろうと人々が認識するパターンである。また、この物語の亜種が、科学者が感染の対策（ワクチン）を開発して、間一髪で人類を救うシナリオ——今日の我々の秘めたる願いだ。

しかし、このパンデミックは（少なくとも）当分は続くし、生活を根本から変えるだろう

33. https://www.theguardian.com/us-news/2020/apr/13/death-penalty-states-coronavirus-stockpiled-drugs

と認めざるを得ない今、別のシナリオ——ディストピアの仮面をかぶったユートピアというシナリオが浮上してくる。思い浮かぶのは、ケビン・コスナーの『ポストマン』（一九九七年）だ。詳細不詳の終末的な出来事から十五年後の二〇一三年が舞台。文明は途方もない打撃を受け、あらゆる形のテクノロジーが失われている。物語はひとりの無名の流れ者を追う。彼は偶然古い米国郵便公社の制服を見つけ、〝復興したアメリカ合衆国〟の職員のふりをして、散在する村々に手紙を届け始める。他の者も彼を真似し出すと、徐々に合衆国の基本となる組織的なネットワークが現れてくる。世界滅亡のゼロポイントから蘇るユートピアは、浄化されてポストモダンが過剰ではあるが、今日のアメリカの姿に似ている。このユートピアは、生きることとの基本的価値が完全に回復された質素な社会である。

　しかしながら、いずれのシナリオでも、COVID‐19パンデミックに関する真に奇妙な点、つまりその〝非終末的な〟性質を把握できない。世界の完全な破滅という通常の意味での終末でもなく、ましてや、これまで隠されていた真実の暴露という本来の意味での終末でもない。そう、我々の世界はバラバラに崩れようとしているが、この崩壊のプロセスはダラダラと続いて終わりが見えないのだ。感染者と死亡者の数字が増えているときにも、メディアはピークがいつ来るかの憶測ばかり。すでに今がピークじゃないかとか、あと一、二週間ほどかとか。皆がパンデミックのピークが来るのを見守り心待ちにしていて、まるでその後は徐々に平常を取り戻せるかのように思っている。が、危機はいつまでも続くのだ。おそらく、たとえCOVID-19のワクチンが開発されたとしても、今後も感染発生や環境変動に脅かされ続ける〝ヴァイラルワールド〟から逃れられない——ということを受け入れる勇気を持つべきだろう。

　パンデミックは猛暑で消滅するだろうという夢からも冷めつつある。はっきりした長期の出口戦略もない。交わされている議論は、どうやってロックダウンを徐々に緩和するかだけだ。やがてパンデミックが収束したときには、皆、疲弊してしまって喜びを感じる余裕もないかもしれない。

　では、この〝終わりの見えない〟物語から、どんな未来のシナリオを描けるだろうか。以下に紹介する文章は、四月の初めにイギリスの大手日刊紙に掲載されていたものだ。未来のシナリオの選択肢のひとつを表現しているのかもしれない。

> 抜本的な改革——過去四十年の政治を支配していた方向性を反転させるような改革を、議論のテーブルに載せる必要があるだろう。政府は経済においてもっと積極的な役割を引き受けなければならない。公共サービスは負債ではなく投資だと認識し、労働市場の不安定さを緩和する方法を探すべきだ。また、高齢者と富裕層の特権の問題も含め、再分配が再び議論の対象になるだろう。ベーシックインカムや富裕税など、最近まで突拍子もないと考えられていた政策も、議題に入れなければならなくなる。[34]

34. https://www.ft.com/content/7eff769a-74dd-11ea-95fe-fcd274e920ca

イギリス労働党のマニフェストのコピペか？　いや、実は、フィナンシャル・タイムズ紙の社説の一節なのである。同様に、ビル・ゲイツもCOVID-19との闘いに〝グローバル・アプローチ〟を訴え、防御のない発展途上国に感染が広がれば、続く波が富裕国に跳ね返ってくると警告している。

> 今後数カ月で裕福な国がこの感染症を押さえ込めたとしても、他のどこかで感染が一定の深刻さで残っていれば、COVID-19は戻ってくる。地球の一地域から他の地域へと再感染するのは時間の問題だろう。（中略）私は資本主義を大いに信奉しているが、パンデミックにおいて適切に機能しない市場もある。救命機器の市場が明らかな事例だ。[35]

このような予測や提案を歓迎はするが、どれも穏健すぎだ。もっと多くが求められている。確実な基本レベルでも、まず収益性の原理は無視して、機能維持のためにリソースを動員できる社会という観点から考え始めるべきだろう。リソースは十分にある。やるべきことは、市場原理の外で直接リソースを分配することだ。医療、地球環境、食料の生産と流通、水と電気の供給、インターネットや電話の整備――これらが最優先であり、その他はすべて二次的である。

35. https://www.msn.com/en-gb/news/coronavirus/coronavirus-bill-gates-calls-for-global-agreements-on-masks-treatments-and-vaccines/ar-BB12uCm4

リソースの分配は、個人を動員する国家の義務と権利とも関係する。大きな問題が今、フランス（に限らない）で明らかになっている。春野菜や果物の収穫期には、例年ならスペインをはじめとする各地から何万人もの季節労働者がやってくるのだが、国境が閉ざされている今、誰がこの仕事をするのか。フランスではすでに外国人労働者に代わるボランティアを募集しているが、足りなければどうする。国民の直接動員しか方法がないとしたら？

アレンカ・ジュパンチッチが簡潔に指摘するとおり、完璧な連帯でパンデミックに対応することで、パンデミック自体より深刻なダメージが社会や経済に生じるとしたら、それは何かが恐ろしく間違っているという意味ではないのか。[36] なぜ、連帯か経済かという二者択一でなければならないのか。こんな間違った選択に対する答えは、「コーヒー、それとも紅茶？」と聞かれて「はい、お願いします」と答えるのと同じで良いのではないか。切実に必要としている新しい秩序を何と呼ぼうが――〈communism（共産主義）〉だろうが、ペーター・スローターダイクの言う〈co-immunism（共免疫主義）〉（ウイルス攻撃に対する共同で構成された免疫）だろうが――要点は同じである。

しかし、現実は、ここまで検討してきた映画脚本のどれにも当てはまらないだろう。絶対的に必要なのは、新しい脚本、一種の認知マッピングを提供してくれる新しいストーリーである。我々がどこを目指すべきなのかについての現実主義的で、かつカタストロフィ的でない感覚である。必要なのは希望の地平だ。新しいポストパンデミックのハリウッドだ。

36. 私信より

第十一章　パラダイスの殺人

この世界は、徐々に狂気に飲み込まれつつある。COVID-19と闘うための連帯やグローバルな協調行動の代わりにあるのは、急拡大する農業災害と大規模な飢餓の予想（東アフリカからパキスタンにかけての国々を悩ますイナゴ襲来による）だけでなく、急増する政治的暴力である。だが多くはメディアに無視されている。インドと中国の軍事境界線での衝突について、どれほどの記事が読めただろう。数百人の負傷者が出ているというのに。

このような絶望的な状況にあって、たまには、古き良きお約束の推理ドラマに逃げ出しても許されるだろう。

BBCのテレビシリーズ『ミステリー in パラダイス』原題は『Death in Paradise（パラダイスの殺人）』で、カリブ海に浮かぶ架空の島セント・マリー島を舞台に、小さなコミュニティーで毎回殺人が起き、毎回同じパターンで謎解きが展開する。殺人の現場にいた四人が被疑者とされ、それぞれ他者に目撃されている。一体そのうちの誰が犯人か……。だが、我々がそんなフィクションに逃げ込もうとしても、目の前の現実がつきまとう。パンデミックとの様々な類似性がこの推理ドラマにも見えてしまうからだ。

『ミステリー・in パラダイス』の最近のエピソードだが、警部の捜査により、犯人に有利になるように手がかりを消した者がいたことがわかった。それが他ならぬ犠牲者本人だったという話がある。その犠牲者は人をいじめたり侮辱したりするが、良心の呵責や後悔の念も持っている男で、セント・マリー島近くの小島でサバイバルキャンプを運営していた。当時四人の客がおり、殺人が実行されたとき小島には彼を含め五人しかいなかったので、犯人はそのうちの一人ということになる。だが警部は、誰かが砂浜に上陸して殺人現場まで歩いて行き、また戻った痕跡を見つけた。ちょうど、一人の侵入者が被害者を殺害する目的のためだけに島にやって来たように見える。

しかし、いくつかの詳細からこの想定が覆され、ついに警部は、本当は何が起きたのかを被疑者らの前で再現する場面に至る。じつは、殺人犯は高校時代に被害者から残忍なまでの辱めを受け苦しみ、人生を台無しにされてしまった過去があった。サバイバルキャンプでかつてのいじめの加害者に再会したとき、相手は自分のことを覚えていなかった。そこで彼は相手を森の中の人気のない場所に連れて行き、「お前のせいで人生がめちゃめちゃになったんだ」と絶叫しながら竹槍で刺し、走って逃げた。被害者は致命傷を負ったが、自分が若いころに負わせてしまったトラウマを痛感する。そして島にいる四人が疑われないよう、最期の力を振り絞って、よそ者が島に上陸したかのように現場を偽装して、命尽きたのだった。

この行動には何か崇高なもの、真の贖罪の香りがする。しかし、イデオロギーの手にかかると、そんな崇高な行動すらゆがめられてしまう——イデオロギーは、犯罪者ではなく犠牲者に進んで犯罪の証拠を消させ、さらには自分の意志による行動のように思わせることもできるのである。これは、まさにロックダウンの解除を求めてデモに参加する何万もの普通の人々が、アメリカ合衆国と呼ばれるパラダイスでやっていることではないだろうか。トランプとその政権が主導する早すぎる〝正常〟への復帰によって、感染死の恐怖に多くの人が晒されることになるのというのに、人々は復帰を要求し、トランプ（と資本）による犯罪の痕跡を覆い隠しているのだ。

十九世紀初頭、ウェールズの炭鉱では、頻発する死亡事故のリスクを大幅に減らせるにもかかわらず、多くの炭鉱夫がヘルメットや高価な保護具を拒否した。なぜならその費用が彼らの給料から差し引かれたからである。今日、ＣＯＶＩＤ-19の時代にあって、労働者は同様の絶望的な計算に逡巡せざるを得ない。かつて強制された「金か命か」の選択の反転バージョンである（もちろん、たとえ惨めな生活であっても、命を選ぶしかない）。金より命を選んで家に自己隔離するとしても、金がなければ生き残れない。だから金を稼いで生き延びるためには仕事に戻らざるを得ないのだが、感染と死の脅威に晒される。トランプは労働者を殺すことに直接手を下さないとしても、生き残る唯一の方法が死のリスクであるという偽りの選択を示したことで有罪である。さらに、労働者が職場で死ぬ〝権利〟を求めてデモをせざるを得ないという状況は、トランプが労働者に与える屈辱に他ならない。

このロックダウンに反対する抗議デモと比較して考えるべきなのは、新たな死――ミネアポリスで発生したジョージ・フロイドの死をきっかけに、アメリカというパラダイスを席巻している怒りの噴出である。警察の暴力行為に抗議する何十万の黒人（だけではない）の憤激は、パンデミックと直接は関係がなくとも、統計が明らかにしたＣＯＶＩＤ‐19の死亡件数の現実がその背景にあることは理解に難くない。黒人とヒスパニックの死亡率は白人よりはるかに高いのだ。

　パンデミックが、アメリカの階級格差がもたらす極めて具体的な結果を露呈させたというわけだ。これは単に富と貧困の問題ではなく、文字どおり、生か死かの問題なのである。警察の暴力を問題にする場合にも、パンデミックのような健康危機の話をする場合にも。

　ここで、話は最初の殺人事件に戻る。犯行の証拠を消して加害者をかばう被害者の崇高な行い――殺人は正当化されないとしても、少なくとも絶望から生まれた行為だと理解できるものだった。そう、確かに人種差別に対する抗議デモは暴力的になりがちだが、我々はこのエピソードで被害者が加害者に示したのと同じ寛容を示すべきなのである。

第十二章　今、売られている夢は……

ようやく見つけたのかもしれない。今、我々が置かれている状況に完全に一致する映画だ。二〇一七年のポール・フランクリンの『The Escape』。十六分の短編映画だが、SF作家ロバート・シェクリイの有名な短編小説、『夢売ります』（一九五八年）[37]を下敷きとしてプロの手により映画化され、重要な役どころを有名俳優（ジュリアン・サンズ、オリビア・ウィリアムズ）が演じている。[38]

シェクリイの小説は、大都市郊外の貧民街のような場所から始まる。「ウェイン氏が、肩の高さまでうず高く積もった灰色のがれきをようやく抜けると、そこに〝様々な世界の店〟があった。それはまさに友人が説明してくれたとおり、材木の切れ端と車の部品とトタン板と、今にも崩れそうなレンガでできた小さな掘立小屋だった」。年老いた風変わりな店主が売り物をウェインに説明する。この世で持っているすべてと引き換えに、お客はつかの間もう一つの現実に連れて行かれ、そこでは一番の願いのとおりに生きられると言う。ウェインがこの提案に乗るかどうか躊躇っていると、店主はしばらく考えて決めればよいと助言する。家に戻る道すがらウェインは思い迷い、その後も妻や息子とのちょっとした問題や、あ

37. https://www.vice.com/en_us/article/a3ydpz/the-store-of-the-worlds で閲覧可。
38. https://vimeo.com/223579794 で閲覧可。

わただしい仕事などの日常に没しながらも、店に戻って決断をしたいという考えが頭から離れない。

　そうして時間がたち、ある日、店主の穏やかな声でウェインは目を覚ました。その声の主は「満足されましたか」と尋ねた。ウェインはこの世の持ち物――軍靴とナイフと銅線二巻とコーンビーフ三缶をテーブルの上に置くと、店を出て道が果てるところまで急ぐ。「その先は、見渡す限り、茶色と灰色と黒色のがれきが広がっていた。四方の地平線まで続くそれは、よじれて崩壊した都市の残骸、引きちぎられて倒れた木々、そして、かつては人の骨と肉とあった細かい白い灰でできていた」。

　映画に翻案されても、原作の肝になる展開は変わらない。主人公がありきたりの日常生活に（決断する誘惑に捉われながら）戻ることこそが願望の実現であり、何もかも失った絶望的な破滅後の世界が彼の現実なのだ。

　この物語は、容易にＣＯＶＩＤ-19パンデミックの現状に置き換えてみることができる。ウェインが店に入る。そこは全員マスク着用が義務づけられた超清浄環境で、提案の話を聞いたあと、彼は帰宅してパンデミック前の通常の生活に戻る。平凡なもう一つの現実をしばらく過ごしたあとに目覚め、店を出ると、もぬけの殻になった通りと、マスクとフェイスシールドを着けたわずかな人のみ。

　映画ほどひっ迫はしていなくとも、現在の状況も似たような窮状である。世界は手ひどい打撃を受け、人々は現実離れした天国（または地獄）を夢見るのではなく、ただ、ロックダウンもマスクもない、絶え間ない感染の恐怖もない、普通の社会生活に戻ることだけを夢見ているからだ。

状況は厄介で、分からないことだらけ。だから当然、一つの極端から正反対の極端へと人々は揺れ動く。ほんの一、二週間前まで、ヨーロッパの人々は取り憑かれたように外出禁止のルールを厳守していた。なのにその後、人々の態度に何かの変化が起こり、脅威をそれほど深刻に感じることがなくなった。感染率は依然として高いにもかかわらず、マスクを着けずに出歩いている（この社会生活の再開の背後には、やけっぱちの賭けがあるのかもしれない。感染の第二波はさらに深刻らしいから、今のうちにちょっと人生を楽しもう!?）。

確かなことは、我々の精神衛生に対するパンデミックの影響は深刻だということだ。「新型コロナウイルス流行の影響で、薬物やアルコールの乱用あるいは自殺によって死亡するアメリカ人は、七万五千人に上るだろう」という分析予測があるほどだ。[39]

報道されるように、今、通常の葬儀はできなくなっており、有名無名を問わず、亡くなる人々について適切な〈喪の作業〉を行うのが難しくなっているという。しかし、社会的空間に別の、もっと根本的な服喪が広がっているのではないか。我々が今本当に追悼しているのは、生き方全体の突然の終焉ではないだろうか。正確に言えば、生き方の喪失を弔う準備ができておらず、古い外的現実性がまだ残っているがゆえに、憂いにとらわれたままでいる。

39. https://edition.cnn.com/2020/05/08/health/coronavirus-deaths-of-despair/

扉を閉ざした店やレストランや映画館や劇場の目にして、きちんとこの喪失に対峙できずにいるのだ。

今、我々の目前にある問題は、自分たちの願望の調整ができないことである。願望をもう一度、組み立て直さなければならない。『夢売ります』のウェインのように、願望そのものを取り戻すこと、願望のオープン・シチュエーションが切望されている。だから、この混乱の中、何とかして新しい世界を再創造する必要があると皆が理解しているという意味で、『夢売ります』の店はすでに開いているのだ。たとえば、トランプは、経済成長という変わらぬ古びた世界を示してみせる。だが、その実現には多数の人命という対価を支払う覚悟が必要だ。中国は、国家が個人を完全にコントロールするという〝もう一つの世界〟を準備している。しかし、我々はこの店の限られた選択肢を見て回るのではなく、向き直って現実性を見据える強さを身に付けなければならない。

この点、スタンフォード大学遺伝学科のゲオルギ・マリコフは、説得力のある近未来図を描いている。「社会秩序の崩壊を避けるために、ユニバーサル・ベーシック・インカムや、家賃の支払い猶予、貸付、債務の支払い、医療制度の民営部分や他の多数の主要産業の国営化、食料の生産・流通の中央政府による管理などといった対策が必要になるだろう」[40]。このリストにもっと追加していい。たとえば、社会に不可欠な分野（農業、エネルギー、水供給など）の労働者の隔離も、平常の機能を確保するには必要だろう。現在は食糧危機には至っ

40. https://www.criticatac.ro/lefteast/coronavirus-scientific-realities-vs-economic-fallacies

ていないが、もしCOVID‐19が農村地域に広がり、作物の栽培や収穫が混乱すると、その危機も現実になる。また、保健医療の対策では、再度のおそらく長期におよぶ厳格な検疫の体制を整えなければならないだろう。

こうした提案にお決まりの反論は、「それでは経済がもたない」だ。だが、もっと精緻に考えなければならない。必要な保健医療政策も維持できないような経済とはどんな経済か。それは、永久の自己拡大を必要とするグローバル資本主義経済、つまり、成長率と収益性に取り憑かれた経済に他ならない。マリコフが説明するとおり、「経済を悪化させるなという本能的言動がもたらしたのは、崩壊した経済とあらゆる場所に広がったウイルスであり、その根絶はもはや非常に困難である」。したがって、我々は見方を完全に変えるしかない。自動車産業やアパレル、海外での休暇は諦めて瓦解するに任せ、これら産業で働いていた人々を他の場所でパート雇用する。我々が構築するべき経済は、社会が〝一時停止〟に陥っても機能を維持することができ、生活の基本しか提供されない長期の休止にも生き延びられるような経済である。

新しい世界は、マルクスのよく知られた格率「各人はその能力に応じて働き、その必要に応じて受け取る」の意味で、共産主義的でなければならない。現に我々はすでにこれを目指して動いているのではないか。むろん、マルクスが想像した形——誰もが豊に暮らし創造的に働く満ち足りた社会という形ではない。もっと質素な世界、誰もが医療を受け、基本的ニーズを満たすだけの食料とリソースが得られ、能力に応じて社会への貢献を求められる世界。そんな質素な世界は、精神的・感情的に大いに満たされた世界になるはずだ。

さあ、『The Escape』を観て、パンデミックの廃墟からどんな世界を構築していくべきか考えてみようではないか。

第十三章　はい、赤い薬を……でも、どっちの？

事故後のチェルノブイリ地方の暮らしを扱ったあるドキュメンタリー映画で、避難命令に逆らい、そのエリアに住み続けた農家を紹介していた。国家当局からも忘れられた一家は、得体の知れない放射線など信じていない。そこに土地があり、生活は続く。幸いなことに一家は放射線の深刻な影響は受けていないようだ。

この家族の状況で思い出さないだろうか。映画『マトリックス』でネオが青い薬か赤い薬かの選択を迫られる場面だ。青い薬を飲めば〝普通の現実〟と考えられている環境にとどまることができるが、赤い薬を飲めば、ネオは世界の本当の状態に覚醒することになる。この〝現実〟はもちろん、人工知能によって操られた集団的なバーチャルの夢であり、実際は人間の肉体はＡＩにエネルギーを供給する〝人間電池〟として使用されている。チェルノブイリの農家は青い薬を選んで、〝現実〟から逃げ出したわけだ。いや、本当に？　農家の目から見れば、青い薬を飲んで放射線の壮大な嘘を信じたのは周囲の世界のほうであって、自分たちはパニックに惑わされるのを拒否し、日常の現実にしっかり根を張っていると見えるのではないだろうか。

赤い薬を選んで社会の大嘘を拒否するというこのメタファーは、今日、もっぱら新右翼のポピュリストが、特にＣＯＶＩＤ‐19に関して利用していることは周知のごとくだ。イーロン・マスクも最近、パンデミックに対する大多数の対応を「パニック」とか「間抜け」と呼んでその仲間入りした。マスクがツイッターでフォロワーに「赤い薬を飲め」と勧めると、すぐさまイヴァンカ・トランプがこのコメントを引用して、自分は「すでに赤い薬を飲んだ」と公言した。

マスクの皮肉に気づかなければならない。彼は正常に戻ることを訴えながら、同時に「ニューラリンク」プロジェクトを公表しているのだ。ニューラリンクの未来像は、人間を集合的な〝ワイヤードブレイン〟に組み入れることである。心は言語を必要とせず、直接他者とコミュニケーションをとる。まさに「青い薬」を飲む選択を表しているではないか。人間の身体的な存在は隔離されたカプセルの中に置かれ、一方、人間の精神はバーチャルの共有空間に存在するという世界を選ぶことだからだ。

逆説的だが、ここで新右翼ポピュリストらに加担しているのが急進左翼である。彼らも同様にＣＯＶＩＤ‐19パニックの中に、国民の完全支配をもくろむ国家の陰謀を見る。極端な例でいえば、ジョルジョ・アガンベンは、「テレマティックスの新独裁に屈し、オンラインだけで授業をすることに賛成した教授らは、一九三一年にファシスト政権に忠誠を誓った大学教員と完全に同等である」と断言した。パンデミックとの断固たる闘いに対するこの拒絶の態度を、オリヴィエ・レイが著書『L’Idolâtrie de la vie（命の偶像化）』の中でよく捉えている。かつて〈神聖（the Sacred）〉は命を越えた存在であり、そのために命を懸ける覚悟もあった。だが今、命そのものが〈神聖〉の役割に祭り上げられてしまった。人々は命を守るためなら、すべてを犠牲する覚悟があるようにさえ見えるではないか。

アメリカでは、ロックダウンを継続するかどうかの議論が、文化戦争に変わりつつある。店の扉には「マスク着用者は入店禁止」（マスクをしない客ではなく！）という張り紙があるし、トランプはすべての教会、シナゴーグ、モスクを開けるように命じている。私は、パンデミックの〈現実（the Real）〉を否認する者たちからせこく点数を稼ごうとして言っているのではない。何が彼らにこのような拒絶をさせるのかを明らかにしたいのだ。

このパンデミックはパーフェクト・ストームに発展する恐れがある。パーフェクト・ストームとは、三つ以上の嵐が合わさって相乗効果を生む現象だ。そのうち二つの嵐——健康上の大災害と経済危機はすでに広く議論されているが、残りの二つ——露呈しつつある国際紛争とメンタルヘルスの危機が注目されることは少ない。

パンデミックはすべてを変える激震だ、今やなにも以前と同じではない、という論調はよく聞くし、それは真実だが、同時に実際には何も変わっていない。パンデミックはすでにあったものを、よりはっきりと目に見えるようにしただけだ。たとえば、携帯電話を使って個人の居場所を特定し、COVID-19の拡散を防ぐというアイディアに対して、多くの自由主義者の反発があったが、国家機構はすでに何年も前からデジタル通信や通話を追跡してきたのであって、少なくとも当座は、あくまで市民の利益のために、特定のデータ（位置情報）の解析にその能力を公然と行使しているだけのことだ。それよりも懸念すべきは、米中関係のゆくえだろう。これもパンデミックの前からすでに緊張が高まっていた。

　また、中国は今、香港に対する統制を強化しようとしている。新しい国家安全法が導入され、北京はこの半自治都市を混乱させる抗議運動参加者を狙い撃ちにできるようになった。一九九七年に中国に返還されて以降、最も侵略的なやり方だが、これはあまり報道されないもう一つの事実と並べて解釈すべきである。それは、二〇一三年の習近平の国家主席就任後初めて、国務院の年次報告書の台湾に関する章から、「一九九二年合意」「一国二制度」「平和」「平和的統一」への言及が完全に消えたことである。

　この過去との大胆な決別は、北京が台湾との平和的統一の考えを放棄したことを示すともとれる。中国が香港を手中にしたら、次のステップは暴力による台湾の奪取かもしれない。それは全面的な太平洋戦争に繋がる可能性すらある。確かに、台湾と香港は中国の一部ではあるのだが、はたして今が軍事的脅威を誇示するべきタイミングなのか。

　これに加えて、イスラエルがヨルダン川西岸各地区の併合を計画したり、アメリカが核実験の再開を検討したり。他にも、パンデミックを利用して、これまでの攻撃的な政策をさらに容赦なく推進しようとする国家は多い。誰も理性的に行動して、パンデミックの期間は停戦しようともしない。狂気の世界に我々は住んでいるのだ。

狂気は、同じくらいに不吉な第四の嵐に我々を巻き込む。それは集団的狂気そのもの、言い換えれば、迫り来るメンタルヘルスの崩壊だ。その兆候はあちこちで現れている。イタリア人の十人に八人が、パンデミックを乗り越えるには心のケアが必要だと答え、スペインでは大都市圏の子どもの半数が怖い夢を見ているという。アメリカでも何万人もの自殺者が予想されている。驚くこともない。我々の日常のまさに根本が消滅しつつあるということだ。日常の習慣の崩壊を体験することの強烈な影響を、ゆめ侮ってはならないのだ。パブで仕事帰りにちょっと一杯といった類のありふれた習慣ですら。

ジョージ・オーウェルは、（たとえば『水面の月』（一九四六年）の中で）下層階級にとってパブは人づき合いの根幹、日常の〈モーレス（mores）〉が行使される場所であると考えていたが、パブのある暮らしがかつてのまま戻ってくるかどうか甚だ疑わしい。ラカンは共通の習慣を持つ空間を〈大文字の他者（the big Other）〉、すなわち我々の生活の象徴的な実体と呼んだ。この〈大文字の他者〉が崩壊し始めるとき、精神的な破綻が現れてくる。その恐怖は社会的習慣からの逸脱にあるのではなく、習慣自体がバラバラになって、頼るべき確かな足元が失われたことに我々が気づいたときに湧き上がる恐怖だ。

つまり、本当の「赤い薬」を飲むことは、これらの嵐の脅威に立ち向かう強さを身に付けることを意味するのだ。我々にはそれができる。なぜなら、嵐は少なからず我々次第、我々が困難の時にどう行動、反応するかにかかっているからである。古い日常に戻ることを夢見るのはやめよう。集団的な霊的存在の新しいポストヒューマン時代に入るなどという類の夢も捨て去ろう。目の前にあるパンデミックは、我々が個々の肉体に根差していることに気づかせてくれたではないか。そして、我々がこの闘いに加わるとすれば、まさにこのレベルでの闘いなのである。

第十四章　シンプルだが実行するには厄介な事ども

伝統的なマルクス主義者は、厳密な意味での共産主義を社会主義と区別し、社会主義は共産主義の初期段階の低次元なもの（貨幣と国家がまだ存在する、労働者が賃金を受け取るなど）とした。一九六〇年には、ソビエト連邦でこの点に関して自分たちがどの段階まで進展したかの議論があり、まだ完全な共産主義には至っていないが、すでに低次元（社会主義）でもないという結論になった。そこで社会主義に低次元と高次元の区別が導入された。

ＣＯＶＩＤ－19をめぐって今起きていることと、どこか似ていないだろうか。ほんの一か月前まで、メディアは秋から冬にさらに強力な第二波が来襲すると盛んに警告していた。だが、感染があらゆる場所で急増するようになると、これはまだ第二波ではなく、継続していた第一波が悪化したものだという見解も聞かれる。

このような分類の混乱は、世界中で感染件数が再び激増して、事態が深刻化していることの確認に過ぎない。今はシンプルな真実を真剣に受け止めるべきときだ。世界保健機関（ＷＨＯ）のテドロス・アダノム事務局長も先日、訴えている。「今世界が直面している最大の脅威はウイルスそのものではない。むしろ、世界全体と国内の両レベルで、リーダーシップと結束が欠如していることだ。分断された世界ではパンデミックに打ち勝てない。COVID-19のパンデミックによって、世界規模の結束とリーダーシップが試されている。このウイルスは分断を肥やしに成長するが、我々が団結すればくい止められる[41]」。

この事実を深刻に受け止めることは、国際的な分断だけでなく、各国内での階級の分断にも対処することを意味する。フィリップ・アルストンがガーディアン紙に書いているとおり、「コロナウイルスは、以前から存在していた〝貧困のパンデミック〟の蓋を開けたに過ぎない。COVID-19が現れた世界は、すでに貧困と極端な不平等と人命軽視が蔓延していた世界であり、この世界の法律と経済政策は、権力者の富を生み出し維持するために設計されており、貧困を終わらせるためには作られていないのである[42]」。結論。〝貧困のパンデミック〟を攻撃せずに〝ウイルスのパンデミック〟を終息させることなどできないのだ。

では、これをどうやって実行するか。基本的に、簡単だ。危機に瀕する人々のニーズに応える医療を再構築するだけの手段もリソースも、我々は持っている。しかし、ベルトルト・ブレヒトの戯曲『母』の中の『共産主義の讃歌』の最終行を借りるなら、「シンプルなことさ。実行するのは厄介だけどね」。実行を難しくしている多くの障害、とりわけグローバル資本主義体制という障害が存在する。だが、私はここでイデオロギーの障害に注目したい。(特に)危機に際して生活を制御する半無意識あるいは完全無意識の態度、先入観、空想という意味でのイデオロギー的障害である。必要なのは、イデオロギーの精神分析理論である。

41. https://www.npr.org/sections/coronavirus-live-updates/2020/07/09/889411047/lack-of-unity-is-a-bigger-threat-than-coronavirus-who-chief-says-in-emotional-sp
42. https://www.theguardian.com/global-development/2020/jul/11/covid-19-has-revealed-a-pre-existing-pandemic-of-poverty-that-benefits-the-rich

私は、ルイス・ブニュエルの一連の映画に見られる、彼自身が「シンプルな願望が説明のつかない理由で実現できないこと」と呼ぶモチーフに、著述の中でしばしば言及している。たとえば『黄金時代』の中では、ある男女が結ばれたいと願うのだが、繰り返し馬鹿々々しい邪魔が入る。『アルチバルド・デラクルスの犯罪的人生』では、主人公が単純な殺人を実行したいと願っても、あらゆる試みが失敗に終わる。『皆殺しの天使』の裕福な人たちは、パーティーのあと、邸宅から出られなくなってしまうし、『ブルジョワジーの秘かな愉しみ』の二組の夫婦はディナーを共にしたいのだが、予想外の厄介な問題が様々あって、このシンプルな願望を妨害する。そして『欲望のあいまいな対象』では、かつての恋人との再会の瞬間が、紆余曲折でどんどん先延ばしになってしまう女性のパラドックスが描かれる。我々のパンデミックに対する反応も極めてこれに似ている。やらなければならないことは誰もが多少とも分かっているのに、奇妙な運命によってその実行が妨げられているからだ。

COVID-19感染が再び拡大しつつある中、新たな制限措置が様々に発表されているが、今回は完全なロックダウンには戻らないという暗黙の(時に明白な)但し書きがついている。公的生活は継続するわけだ。この但し書きは、多くの人々から自然に巻き起こった叫び声そのものである。「二度目(の完全なロックダウン)は我慢できない! 日常生活に戻せ!」。なぜか。はたしてロックダウンとは、(ベンヤミンの「静止状態における弁証法」をひっくり返した)「弁証法なき静止状態」だったのか。いや、隔離や自粛のルールに従わなければならないときでも、実は我々の社会生活は静止状態にはない。静止（と一見思われる）瞬間も、物事は急進的に変化しているからだ。ロックダウンの拒否は、静止の拒否ではなく、変化の拒否なのである。

　この無視の態度は、一種の集団精神病に他ならない。ロックダウンに反対する怒号の中に、意外にもジャック・ラカンの「正常性（normality）は精神病の一種だ」の立証が聞こえてくる。今正常性への復帰を要求することは、コロナウイルスの現実の精神病的な排除（foreclosure）を意味する。まるで感染が発生していないかのように行動し続けることだからだ。ドナルド・トランプの最近のスピーチを見るがよい。パンデミックの真の影響の規模を知りながら、知らないふりでしゃべり、行動し、今のアメリカの主たる脅威だとして〝左翼ファシスト〟を激しく攻撃している……。しかし、トランプは思うほど例外的ではない。現に、感染が新たに急増しているというのに、経済や社会の再開に関する記事が毎日掲載されているではないか。この上なく皮肉な展開で、正常性への回帰が最高に精神病的なジェスチャー、集団的狂気のサインとなっているのだ。

　むろん、これだけがパンデミックの精神的影響に関する真実ではない。危機の時代には、同時に〈大文字の他者（the big Other）〉（我々の相互関係を調整する実体のある象徴秩序）も、その非効率性を露呈しながら、かつ支配力を強めながら（行動を決定づける詳細な命令で我々を苦しめながら）、崩壊しつつある。すなわち、精神的な排除は、パンデミックに対する唯一の反応でも、主たる反応でもないということだ。

強迫観念に取り憑かれた態度もまた蔓延しており、感染を回避する防御の儀礼をむしろ喜びとする人も多い。[43] 義務として手を洗い、他者のみならず自分の体を触るのも控え、室内のあらゆる表面を消毒する等々、脅迫症患者の行動である。物質の快楽（Thing-Enjoyment）が禁止されているため、反省的転回（reflective turn）によって、適切な距離で物質の快楽を維持する措置そのものを楽しみ始めるというわけだ。

コナー・マコーマックが、パンデミックに対するよくある反応を、臨床構造と結びつけて簡潔に表している。

うつ病患者	「どうでもいいかな。私はもう死んでるし」
統合失調症患者	「全然気づいていなかった」
妄想症患者	「俺はね、起こると思ってたんだよな」
脅迫神経症患者	「ルールを守っていれば大丈夫だよ」
解離性障害患者	「だいたい、この責任者は誰なんだ？」[44]

パンデミックの精神的影響に関するこの分類は、パンデミックの知識が現実にどう影響するかがひどく曖昧であるために、さらに複雑になる。ヘーゲルは「我々は歴史から何も学ば

43. この論点は、マシュー・フリスフェダーとの私信による

44. https://poddtoppen.se/podcast/1299863834/why-theory/coronavirus-and-its-discontents

ない」と言ったのではなく、「我々が歴史から学べる唯一のことは、歴史から学ぶべきことはないということだ」と言ったのである。もちろん、過去のカタストロフィに対応し、よりよい未来の可能性を求めて自分たちの枠組みに取り入れるという意味では、我々は「歴史から学ぶ」のである。

たとえば、第一次世界大戦の恐怖のあと、切実な憂惧を抱いた人々は将来の戦争を防ぐために国際連盟を作ったが、それでも第二次世界大戦は起こった。ここでの私はヘーゲル的な悲観主義者である。〈喪の作業〉、すなわちカタストロフィの象徴化には常に何かが欠けており、だから新しいカタストロフィに向かう道が開かれてしまうのだ。前途に横たわる危険を承知していても、解決にはならない。

オイディプスの神話を見るがよい。オイディプスの両親は何が起こるか知っていたし、それを回避しようとしたからこそ悲劇は起きた。何が起こるかを知らせる予言がなければ、悲劇もなかっただろう。我々の行動は決して自明のものではなく、自分が何をしているか、どんな影響があるかを完全に知ることもない。ヘーゲルはこれを認識していて、彼が〈和解（reconciliation）〉と呼んだものは、理性の勝利などではなく、行動の悲劇的な側面の受容に他ならない。我々は自分の行動の結果を、たとえ意図しない結果であっても謙虚に受け入れなければならないのだ。ロシアの共産主義者たちもスターリン主義の恐怖を求めていたのでも、計画に入れていたのでもなかったが、それは起こり、ある意味で彼らは責任を負っている。COVID-19のパンデミックも同じだとしたら、どうだろう。ウイルスとの闘いで講じた策の一部が新しいカタストロフィを生むことになったら、どうだ？

　これこそ、ヘーゲルの観念論をパンデミックの現実に応用する方法に他ならない。ここでは、もうひとつ、ラカンの「幻想に支えられない現実はない」という主張も念頭におかねばならない。〈幻想（fantasy）〉は、我々が〈現実性（reality）〉として体験するものの枠組みとなる。その意味で社会的現実性の事実としてのパンデミックは、幻想と現実のミックスでもある。コロナウイルスを知覚し対応する枠組み全体が、ウイルスそのものの性質についてだとか、社会的影響の原因についてだとかの様々な幻想によって維持されているのだ。すでに多くの人が汚染や飢餓、戦争で死につつあるときにCOVID-19が世界に静止状態をもたらしたという事実が、この幻想の特質を明確に示している。実際にCOVID-19など些細な問題でしかないほどの境遇にいる人々のことを、我々は忘れがちである。

　では、これは希望がないという意味になるのだろう。エティエンヌ・バリバールが（バークベック・カレッジのサマースクールの議論の中で）私に言ったのは、「この危機は〝大きな〟危機だ（これには私も同意する）というだけで、すべての〝闘い〟が（「団結！　団結！」と十分大声で叫んだとして）ひとつの独特な革命運動に集約していく可能性があるという考え方は、少し子どもっぽいと感じる。いくつか障害も残っている。人々はまず生き延びなければならない」ということだった。

しかし、私に言わせれば、まさに生き延びたいなら、新しい形の共産主義のようなものが現れてくる必要があるのだ。この数週間が何かを意味しているとしたら、それはグローバル資本主義ではCOVID-19の危機をくい止められないということに他ならない。なぜか。トッド・マガウアンが指摘するように、資本主義は、その核心において犠牲的だからだ。つまり、利益はすぐに消費するのではなく、再投資しなければならないのだ。だから完全な満足は永遠に延期される[45]。

モーツァルトのオペラのフィナーレで、ドン・ジョヴァンニは勝ち誇って歌う。「自分の金を使うんだから、大いに楽しむぞ」。これ以上に的確な反資本主義のスローガンは考えつかない。資本家は自分の金を楽しむために使うのではなく、もっと金を手に入れるために使う。だが、その犠牲は犠牲としては認識されず、隠蔽される。将来の利益のために今を犠牲にするのが資本家である。

ところがパンデミックによって、この資本主義の犠牲的な真実が暴露されたのだ。我々は今、経済を回し続けるために、命を（少なくとも一部）犠牲にすることを公然と求められている。現に、トランプ支持者の一部が、資本主義の生活を守るために六十歳以上は死を受け入れろと要求しているではないか。もちろん、危険な仕事に就いている労働者（鉱夫、鉄鋼労働者、クジラ撃ち……）は、これまで何世紀にもわたって命のリスクを負ってきた。植民地化の恐怖は言うまでもない。しかし、今、そのリスクが貧困層に限らず直接的に顕在化し

45. トッド・マクゴーワンとの私信による

ている。突然に命を落とすリスクが極端に高まったという日常生活の変化を、はたして資本主義は乗り切ることができるのだろうか。私はできるとは思わない。資本主義を機能させてきた楽しみの果てしない延期というロジックの根本が失われるからだ[46]。

果てしない資本主義の欲動は、右肩上がりの新しい常に違った目標を作ろうとする。その〈換質命題（obverse）〉は、使いみちのない廃棄物の山だ。中古車や中古パソコンの山から、モハビ砂漠の有名な飛行機の墓場まで、この増え続ける生気のない機能を失った〝がらくた〟の山の中で、資本主義の欲動が静止しているのが見える。そして、COVID-19の外出規制で日常生活が停止したときにも、これに気づいたのではなかったか。毎日使っていたものや場所――店やカフェテリア、バスや電車、飛行機が、突然そのまま静止し、扉を閉ざし、機能を奪われた。これは、実生活において課せられた一種の〈エポケー〉（利用の停止というフッサール的意味で）ではなかったか。そうしたとき、我々は考えざるを得ない。同じシステムのまま円滑な機能を取り戻すことに、はたして価値はあるのかと。

しかしながら、本当の試練はロックダウンや隔離ではなく、社会が再び動き始めた今始まりつつある。以前にも私は、COVID-19がグローバル資本主義の秩序に及ぼす影響を、タランティーノ監督の『キル・ビル2』の最後のシーンに出てくる「五点掌爆心拳」と比較したことがある。相手の身体の五つのツボをそれぞれ指で突くという武術の技で、相手は動かない限り生きているが、立ち上がって五歩歩いたところで心臓が破裂する……。これこそ

46. 資本主義のCOVID世界への迎合を示す最新の例を挙げる。「乗客回復の試みとして、エミレーツは航空会社として初めて、無料のCOVID-19保険を提供する。旅行中に感染した乗客には、医療費、ホテル療養費、さらには葬儀費用まで保険が適用される」。この最後の部分は、明らかに保険の概念になじまない。ふざけた誤射だ。私が死んだら、私は死んでいる。なぜ、私の葬儀費用を私が心配する必要があるのか？

COVID-19パンデミックがグローバル資本主義に影響を及ぼす様ではないだろうか。ロックダウンや隔離の状態は、それが一時的なものと認識している限り、比較的維持が容易である。ちょっと一息に近い。だが、そこから出て新しい生活の形を作ろうとした途端、問題が生じてくる。昔には戻れないからだ。言い換えれば、本当に困難な時がこれからやって来ようとしているのだ。

W・J・T・ミッチェルは、未発表のエッセイ『Present Tense 2020（現在時制二〇二〇）』の中で、古代ギリシャの三人、クロノス、アイオーン、カイロスの目を通して感染拡大の時間性（temporality）を解釈している。クロノスは、無情な直線型時間を人格化したもので、あらゆる生けるものを容赦なく死に導く。アイオーンは円環型時間の神、めぐる季節や星座の周期の神、尾を口に咥えたヘビに象徴される永遠の回帰の神である。そして、カイロスは危険な兆候と良い兆候の二面性を持つ。キリスト教神学では運命的な決定の瞬間、キリストの誕生のような、「新しいものがこの世に訪れる」瞬間の象徴である。

多くの感染拡大と同様に、COVID-19のパンデミックも、主にクロノスまたはアイオーンの視点で解釈される。物事の直線的な流れの中にあって、不作の年のように遅かれ早かれ巡っていく。だが、私が願うのは、このパンデミックがカイロスのロジックをたどることである。新しい始まりを見出さざるを得ないカタストロフィとなることだ。たとえば、多くのリベラルにとってトランプの予期せぬ出現は、確立された秩序の基礎を粉々にする新しい何か、カイロスの瞬間であった。ただし、私は、トランプは社会が以前から持つ病気の症状に過ぎないのであって、我々はまだ新しいものの出現を待っていると考えているが。

新しい社会生活の様式を創り出さなければ、状況はちょっと悪くなるどころか、はるかに悪くなるだろう。繰り返しになるが、私の仮説は、COVID-19のパンデミックはあらゆるものを考え直さざるを得ない新時代の告知だということだ。人間であることの基本的な意味も考え直す必要がある。そして、行動が思考に続かなければならない。

マルクスの『フォイエルバッハに関するテーゼ』の第十一テーゼを逆にしてみるべきなのかもしれない。二十世紀、我々は世界をあまりに急速に変革しようとした。しかし、今、新しい方法でそれを解釈するときが来たのである。

おわりに（する時間がない）——無知への意志

社会主義に多少ともかかわりのある国——中国やベトナム、キューバのように共産党がまだ権力を維持している国だけでなく、スカンジナビア諸国のように社会民主主義の伝統が根づいている国も、パンデミックをうまく押さえ込んでいる。一部の人たちはそんな一縷の望みを抱いていた。しかし、この〝殿堂〟にもひびが入り始めている。また、パンデミックに十分な備えがあった国でも、新型コロナの封じ込めに成功したと思われた途端、感染が再燃したという報道が繰り返される。

その極端な例が、ニュージーランドだ。年老いた、少々のことでは動じないマルクス主義の皮肉屋の私でさえ、ニュージーランドで新規陽性者が出ないようにと祈りながら、毎日統計を追っていた。だが、八月十一日、それまで百二日間も市中感染のなかった彼の国で、四人の新規感染者が報告され、その一週間後には連日数十人の感染者が出るようになってしまった。戒めは明白である。ＣＯＶＩＤ‐19のない聖域という幻想のニュージーランドは存在しないということだ。私も短期的には、（最も好きな国の一つ）ニュージーランドの成功を祈り、同国の封じ込め対策のすべてに完全に賛同していたのだが、長期的に見れば、有効なのは地球規模のアプローチだけだということが、ますますはっきりしてきた。
鎮静化したと思われた矢先の新規感染者の増加に対して、大方の反応はパニックではなく受容である。感染者や死者が増加の一途なのにもかかわらず、多くの国は見た目の正常性を押しつけようとしている。WHOも、各国が社会経済的圧力の下で、〝対応疲れ〟してしまうリスクを警告した[47]。すでにニュースの中にもこの対応疲れは見られる。COVID-19のニュースは、他のニュース（ベラルーシの疑惑の大統領選挙、バルセロナ対バイエルンのサッカーの試合、副大統領候補カマラ・ハリス……）のあとに来るようになった。ただし、この注目対象の変化には、どこかやらせっぽいところがある。まるで我々が是が非でも真のトラウマ、COVID-19を避けようとしているようではないか。

　加えて、この妙な疲労感と重なるように噴き出しているのが、抗議デモなどの社会的な不服従である。ガーディアン紙は最近の見出しで、「高まるCOVID-19の不安の中、抗議活動が世界的なうねりへ――これまでの不満がパンデミックの経済ショックと相まって、市民の蜂起は〝不可避〟との新たな分析結果」としている[48]。さらに、赤十字も、大規模なポストコロナ移民が発生し、社会不安の原因になるだろうと警告を発した[49]。中国では、食料不足が広範な飢餓につながる恐れが指摘され、習近平は食品の浪費を防ごうと、先日、飲食店で客が注文できる料理の数を制限する指示を出した[50]。パキスタン、インドから、フランス、ドイツまで、イナゴやネズミが農作物を食べ尽くす、あるいは労働力不足により収穫されずに

47. https://www.ctvnews.ca/health/coronavirus/who-says-pandemic-will-likely-be-lengthy-warns-of-response-fatigue-1.5048701
48. https://www.theguardian.com/global-development/2020/jul/17/protests-predicted-to-surge-globally-as-covid-19-drives-unrest

腐ってしまうなどの理由で、同様の食料不足の脅威が増大している。

長引くパンデミックに加え、その他の大規模な脅威にも直面している今、ナチスが「総動員」と呼んだ政策を——向きは正反対だが——実施する必要性がはっきりしてきたのではないだろうか。初めてこの点を指摘したのは、哲学者J・G・フィヒテの『封鎖商業国家論』（一八〇〇年）である。驚くまでもなく彼の著作は大方無視され、〝プロト全体主義者〟だと片づけられている（カール・ポパーも、〝開かれた社会〟の敵の一人としてフィヒテを挙げている）。また、この文脈でフィヒテを初めて批判したのは、誰であろう、ヘーゲルである。ヘーゲルは、市民の活動や運動を完全に統制する国家という考え方を冷笑ったのだ。しかし、今日、社会のデジタル化のおかげで統制が簡単になっただけでなく、パンデミックが明らかにしたとおり、時には統制が必要とされるようにもなった。だから、勇気を持って、〝閉じた社会〟の反リベラル思想家一族（始まりはプラトン）をそろって社会復帰させようではないか。

今日のグローバル自由主義経済において、フィヒテの唱えた「経済の再政治化」プロジェクトが持つ意味は、かつてなく増している。ディエゴ・フサロは、こう指摘する。

> （フィヒテが）示す概念は、一方で、〝リベラルな自由〟の批判に最重要な役割を果たし、もう一方で、今日の〝新自由主義状態〟の矛盾に対する批判的理解を可能に

49. https://www.theguardian.com/world/2020/jul/24/global-report-red-cross-warns-of-big-post-covid-19-migration-as-who-hits-back-at-us

50. https://www.theguardian.com/world/2020/aug/13/operation-empty-plate-xi-jinping-makes-food-waste-his-next-target

している。（中略）〈商業無政府状態（Handelsanarchie）〉は、物に対する人の優位性も、経済に対する政治の優位性も破壊する。そして生まれるのが、カール・シュミットが〈非政治化（depoliticiza-tion）〉と定義したもの、すなわち政治の喪失と政治の単なる〈経済の召使（ancilla oeconomiae）〉への矮小化である。（中略）よく知られたカール・フォン・クラウゼヴィッツの表現をもじって言えば、今や政治は劣化し、他の手段を持って行う経済の延長にすぎなくなっている。（中略）これは、ヨーロッパが陥った致命的な状態である。巨大な〈商業国家（Handelstaat）〉として劣化した大陸では、経済の法則が人々を困窮に陥れ、あらゆる形の共同体主義的な連帯を崩壊させている。（中略）ひとつの国が商業的覇権を手に入れたとき、他の国はバランスを回復するためにその国を非難せざるを得ない。覇権国を犠牲にしてでもバランスを回復しなければ、最も弱い国への注力が避けられないからだ。〈黄金慾（auri sacra fames）〉が生み出すこの対立の無限の可能性は、すべての国が経済大国になろうと、執拗に国境を越えた拡大を企むことに繋がる。そして、このプロセスではすべての国に敗者になる可能性があり、特に最も脆弱な国はその可能性が高い。（中略）デヴィッド・ハーヴェイが指摘するように、グローバリゼーションは柔軟なポストモダン的帝国主義である。すなわち、ポリティカリー・コレクトな〈独自の思考（pensée unique）〉によって示されるとおり、円滑で平和的な人権普遍主義の対極にあるものなのである。[51]

つまり、フィヒテの猛烈な批判のターゲットは〈商業無政府状態〉、すなわち国家が市場に仕え、経済の条件を保証するだけという状態である。フィヒテの批判は特定の政治的見解にもとづくものではなく、自身の理想主義と独断主義の間の基本的な哲学的対立に直接立脚したものである。自由商業的な無政府状態において我々にある自由とは、一見頼るべき客観的秩序のように見える取引の世界で、自分勝手に（本性の定めるとおりに）行動する自由でしかない。必要なのは経済の再政治化だ。経済活動は、共同社会の自由な決定によって統制・規制されるべきであって、市場の勢力どうしの盲目で無秩序な関係に委ねてはならないのである。

カントの言葉を言い換えれば、客観的な市場メカニズムが我々の自由を束縛するという社会生活についての独断的なまどろみから、我々が目覚めることをフィヒテは願っているのだ。フィヒテの目には明らかに見えていた。リベラルな自由が不平等を生み、大多数の不自由を生み、国際関係においては野蛮な競争と植民地主義を生むことが。

フィヒテが提案する政策には賛成できなくても、根底にある問題に対する彼の見解は的を射ている。最近の巨大資本にまつわる仰天のニュースを思い出すがよい。「イギリスを含む各国政府は、パンデミックによって利益が失われたと不満を持つ外国企業から、相次いで訴

51. Diego Fusaro『The Concept of “Commercial Anarchy” in Fichte’s The Closed Commercial State』https://www.ips.ac.rs/wp-content/uploads/2018/03/Diego-Fusaro_SPT_2_2014.pdf

訟を起こされることになる」という。[52] つまり、国家は安定した資本蓄積率の条件を保証する責任があるのだから、ＣＯＶＩＤ－19による利益率低下の結果失われた企業の利益を、国家（つまりは納税者）が補償せよと求められているのである。

もしそんな訴訟が行われたらどうなるか。投資に悪影響を与える政策を政府が実施した場合には企業が政府を訴えられるという、何十年も議論になっている投資家対国家の紛争解決（ＩＳＤＳ）条項（スウェーデンの国有電力会社ヴァッテンファルは、この理由で実際にドイツ政府を提訴した）の論理が拡大されるに違いない。今日、国家は、政策とは何の関係もない健康上のカタストロフィによって失われた利益すら、責任を問われる可能性があるのだ。各国が厳然とこれに介入しなければ、最悪の資本主義の野蛮が戻ってくる明白な予兆になるだろう。

しかし、パンデミックの圧力は、社会経済的な面に留まらない。もう人々はＣＯＶＩＤ－19を諦めてしまったような兆候が見える。二〇二〇年八月一日、ドイツ政府のコロナウイルス規則に抗議して、二万人がベルリンの市中を行進した。参加者には自由主義者も、反ワクチン活動家も、高齢のヒッピーも、新右翼ポピュリストも含まれ、一部のコメンテーターの言葉を借りれば「レゲエとペギーダ」（ペギーダは反移民極右グループ）のごちゃ混ぜであった。「自由を奪っている」と政府を糾弾し、マスクやソーシャルディスタンスの指導は無視された。掲げる手製のプラカードには、「コロナは誤認警報」「我々に口輪をはめようとし

52. https://www.theguardian.com/law/2020/aug/15/global-law-firms-expected-to-sue-uk-for-coronavirus-losses

ている」「ワクチンではなく自然免疫を」「我々が第二波だ」などと書かれていた。主張の中には、唯一の本当の陰謀説は「パンデミックが存在する」ことだというものすらある。一人の発言者は、サン＝テグジュペリの『星の王子様』を引用して、「こころでないとよく見えない」と言った。[53]この〝こころ〟は、最も純粋なイデオロギー――日常生活で深く染みついた、ほとんど〝本能的〟な態度を意味している。

　ターゲスシュピーゲル紙は、「このウイルスは、個人間の距離というのは身体と世界の距離と同様に架空のものであることを実証している。本来我々は自分の足で世界に〝踏み入り〟、自分の手で世界を〝掴み〟、自分の口で世界について〝話す〟。だからこそ、コロナウイルスへの正しい対処法は不自然にならざるを得ない」と書いた。[54]ここで我々は、科学と日々の経験の間にある昔なじみのギャップに再会するのだが、それが今、極限にまで来ているというわけだ。

　チリのエッセイスト、ニコル・A・バリア＝アセンホがCOVID-19について書いた小編『Construction of a New Normality』（二〇二一年）のタイトルの意味「新しい正常性の構築」を、可能な限り深刻に受け止めるべきである。このパンデミックは、医療や経済や政治や社会関係やメンタルヘルスを崩壊させただけでなく、もっとずっと根本的な、哲学だけがアクセスできる何かを引き起こした。〈正常性（normality）〉という言葉はその重要性を最大限に解釈すべき言葉だが、その正常性の感覚がパンデミックで脅かされたのだ。この正

53. https://time.com/5874597/coronavirus-restrictions-protest-berlin/
54. https://interaktiv.tagesspiegel.de/lab/karte-sars-cov-2-in-deutschland-landkreise/

常性はラカンが〈大文字の他者〉と呼んだものを意味する。象徴的な秩序、すなわち我々の精神生活のみならず、〈現実性（reality）〉として認識するものとの関わり方をも構成している規則と慣例のネットワークである。

ここで我々が学ぶべきは、現実性（として我々が認識するもの）は、発見されるのを待っている単なる〈あちら（out there）〉ではなく、象徴的宇宙によって仲介される（〝構成される〟）ものだという超越論的観念である。極端な例が中世後期のヨーロッパにある。現実性は霊的な力が透過するものとして認識され、自然現象でさえ隠された意味を持つものと理解されていた。宇宙そのものも、超知性がコントロールする一個の〈生きた全体（a living Whole）〉と考えられていた。しかし、近代になって意味は主観化され、〈客観的現実性〉は自然法則にしたがうメカニズムとなった。そして、我々人間だけが客観的現実性に意味を投影すると考えるようになったのである。

フーコーは『狂気の歴史』の中で、この変化の別の側面、狂気の変容を説明している。ルネッサンスにおいてでさえ、狂気は霊的なもの（精霊もしくは悪霊の憑依の結果）、神聖な意味のために創り出されたものと考えられていた。合理主義者の古典主義とともに、ようやく狂気は他の病気と同じような精神のプロセスとなり、純粋に医学的な方法で治療可能なものになった（よって精神科診療所が生まれた）。フーコーは、また、『言葉と物』の中で、古典主義者の体系的な合理主義から、人間中心主義の進化論や歴史主義（ダーウィンもマルク

ス も含まれる）へというその後の移行も説明している。

　このような認識論的な移行は、単なる現実性の主観的知覚への移行ではなく、我々が現実性をどう考え関わるかを決定するものである。ジェルジュ・ルカーチが示したように、自然それ自体が歴史的カテゴリーであり、何をもって〈自然〉とするかの基本的な理解も、大きな歴史的な節目ごとに変わっている。絶対主義の十七世紀には、自然は種と亜種の階層システムとして理解されていたし、動的な十九世紀には、資本主義的競争の影響を受けて、自然は進化論的な生存競争の場と見られていた（ダーウィンがマルサスの洞察を自然に置き換えることで進化論を生み出したのは有名な話）。二十世紀に入ると、自然はシステム理論のレンズを通して認識されるようになり、そして中央集権的な福祉国家が衰退した最近の数十年では、自然プロセスのオートポイエーシス的自己組織化ダイナミクスへの移行と、新しい形の資本主義ダイナミクスへの推移とを比較することが一般的である。

　では、なぜ、ここで哲学にとどまらず、精神分析学が必要なのか。それは、COVID-19パンデミックが大規模な精神衰弱その他の精神病理を引き起こしているからだけではない。ラカンが明らかにしたとおり、フロイトの基本的な臨床カテゴリー（ヒステリー、強迫神経症、倒錯、妄想症）は、同時に、先験的・存在論的カテゴリー、あるいは、ハイデガーが「世界の開示の様態」と呼んだものでもある。たとえば、脅迫神経症は単に精神生活の特徴というのではなく、我々が全体としての現実性とどう関わるかの特定の形である。同様に、ヒステリー性の疑問は、正常性（〈主（the Master）〉という支配的な存在によって定められたもの）に疑いを持つ方法のひとつである。さらに、妄想症もまた、現実性を、我々を悩ませ支配する影のマニピュレーターが決定するものと捉える一つの見方である。

最近、バリア＝アセンホとロドリゴ・アギレラ・フントは、フロイトがまとめた夢の構造を使ってパンデミックの影響を解釈することを提案した。[55] この中で厳格に区別されているのが、〝夢の内容〟と夢が示す〝無意識の願望〟との区別である。厳密に無意識である夢の内容を生み出すのは、まさに夢の中身の暗号化（難読化）（フロイトが〈夢思考（dream-thoughts）〉と呼んだもの）、すなわち明白な夢のテクスチャーへの翻訳である。これは、夢の真の秘密は隠された内容（夢思考）ではなく、夢の形そのものであることを意味している。フロイトは『精神分析入門』の中でこう書いている。

> 夢の潜在思想は、夢の作業がそれを変えて顕在夢とするところの素材です。（中略）ですから、精神分析による観察もまた、夢の作業は、ご存知の太古的または退行的な表現法に翻訳することだけに限られるものではないことを示しています。そして、夢の作業は、普通は昼の潜在思想には属していないが、夢を形成する原動力となるあるものを、これらの思想に含めているのです。この欠くことのできない付加物はやはり同じように意識されない願望であり、この願望を満たすために夢の内容が変えられ

55. Nicol A. Barria-Asenjo and Rodrigo Aguilera Hunt「El coronavirus como resto diurno de un sueno traumatico en la sociedad chilena」https://www.topia.com.ar/articulos/coronavirus-como-resto-diurno-un-sueno-traumatico-sociedad-chilena

るのです。従ってみなさんが夢によって代理される思想だけを顧慮しているかぎり、夢は警告、計画、準備など、どんなものでもありうるということになります。夢はまたつねに無意識的な願望の充足ではありますが、もしみなさんが夢は夢の作業の成果だとみなされるならば、夢はただただ無意識的な願望充足だけにすぎないものとなります。[56]

ここでフロイトが展開した重要な洞察は、潜在的な夢思考と、顕在的な夢内容と、無意識の願望という〝三角法〟である。だがこの洞察は、夢の解釈（顕在的な夢内容から隠された意味への道、潜在的な夢思考）の解釈学的モデルの範囲を制限する（あるいは直接的に弱体化させる）ものである。夢作業は、単に夢の〝真のメッセージ〟を覆い隠すプロセスではない。夢の核心、すなわち無意識の願望は、この遮蔽のプロセスによってのみ現れることができる。だから、夢の内容を夢に現れた夢思考に翻訳し戻すとき、夢の〝本当の原動力〟は失われてしまう。つまり、夢の真の秘密を夢の中に刻み込むのは、遮蔽のプロセスそのものなのである。したがって、夢の核心のより奥深くまで浸透するという標準記法は覆さなければならない。〝より深い〟願望は、潜在的な夢思考と顕在的な夢内容の間のギャップにこそ存在するのだ。

この点で、デジタル世界との比較が役立つかもしれない。夢の無意識の願望と（前意識の

56. Sigmund Freud『Introductory Lectures on Psychoanalysis』（Harmondsworth: Penguin Books, 1973), pp. 261-62 フロイト『精神分析入門』（高橋義孝・下坂幸三訳、新潮文庫、1977年）

域を出ない）夢思考との区別は、〝ダークウェブ〟と〝ディープウェブ〟の区別と似ていないだろうか。ディープウェブのサイトにアクセスするには、特別のコード（Eメールのパスワードのようなもの）が必要である。だが、ダークウェブは、もっとずっとアクセスが難しく、ダークウェブのサイトにたどり着くだけでも特別のソフトウェアが必要である。つまり、アクセス方法だけでなくサイト自体も秘密になっており、いわばダークウェブはデジタル宇宙における〝無意識〟である。同様に、COVID-19の背景になっている様々な対立や危機は、単純な社会分析でアクセスできるディープウェブだが、パンデミックが引き金となった先駆的・存在論的なカタストロフィは、ほとんど誰も気づきさえしない空間、ダークウェブである。

　同様の区別は、社会の法律に違反する単純な犯罪と、国家自体が犯罪との闘いのなかで行う犯罪（個人の不法な規制や迫害など）との区別にもある。前者は社会のディープウェブだが、後者は社会のダークウェブで、法とその違反の対当だけを見ていては気づかない犯罪である。ただし、何を〝社会の無意識〟と呼ぶかを吟味してみると、おのずと問題提起を迫られる。はたして、法の力それ自体に付随する犯罪性（違法性）――単に法の統治の偶発的な失敗ではなく、その構造的な契機である犯罪性という必然的特質は、あるのだろうか。

　では、この夢についての考察はCOVID-19とどんな関係があるのだろうか。私は、社会的事実としてのパンデミックの下にも、同じフロイトの三要素が簡単に見つかるという仮説を立てている。COVID-19そのものが〝顕在的な夢の本文（dream text）〟、すなわち、メディアの注目の的であり、人々の話（かつ夢）の話題であり――実現象というだけでなく、幻想の連関の対象、夢と恐れの対象である。このパンデミックは、〈主のシニフィアン（Master-Signifier）〉、あるいはクラウディオ・マギリスが言う「我々の思考の暴君である。あらゆる暴君と同様、それ以外の何かについて我々が話すことを望まない」[57]。この〈主のシニフィアン〉は、〈夢内容〉を形成する相互接続した一連の実世界の事実とプロセス（今の終末的状況の追加条項）によって過剰規定されている。パンデミックは健康上の危機という現実であるだけでなく、環境危機（地球温暖化、深海汚染や深海採掘の影響など）であり、経済危機（失業、飢餓の拡大の恐れ）であり、多数の国を内戦寸前に追い込みかねない新たな社会不安の波、簡単に戦争に移行する国際関係の緊張、そして、もちろん、メンタルヘルスの危機でもある。要は、パンデミックは社会の既存の緊張を爆発させる一種の起爆剤として機能したのである。

　だからこそ、パンデミックを理解する試みにおいて、ラカンの公理「〈他者〉の〈他者〉は存在しない」の重要性を強調したアルフレード・エイデルシュタイン[58]は、正しい。我々の最初の体験は、脱中心化の体験、自分はこの家の主人ではないという体験である。多面的な〈他者〉、すなわち複数の（時に矛盾する）決定因子――経済、イデオロギー、社会、環境、生物学などが混じり合った〈他者〉のなすがままなのである。

57. https://www.corriere.it/esteri/20_maggio_07/coronavirus-nuovo-muro-noi-c6cf0f94-8fcc-11ea-bb7f-d3d655d2211a.shtml

58. https://www.eidelszteinalfredo.com.ar/entrevista-realizada-por-nicol-a-barria-asenjo-para-la-revista-punto-de-fuga-seccion-clinica-de-madrid-nucep/

ここで、この多面的な〈他者〉の背後にある〈他者の他者〉、すなわち、この裏で糸を引きゲームをコントロールしている高次の存在（神、運命、自然）を探したいという衝動が生まれる。だが、パンデミックに関していえば、全体を説明できる一つの原因（資本主義、気候、中国、陰謀）はない。パンデミックだけが、複数のプロセスの偶発的な過剰規定の結果でもない。パンデミックを簡単にその（多数ある）原因に凝縮させることもできない。

むしろ、COVID-19とともに新しい想定外の何かが起きたと見るべきだ。ヘーゲル的な言い方をすれば、遡及的にその前提を事実と措定するような、偶発的な全世界の形態が発生したわけだ。つまり、パンデミックは、現代のシステム理論が〈創発特性（emergent property）〉と呼ぶものなのだ「完全に想定外の特性で、物質において新たに起きてくる現象と、生物において新たに生まれてくる行動とを含んでいる。システムの協調的な作用から生じるが、そのシステムの個々の部分には属していない」[59]ものである。

パンデミックのプリズムを通して、他の社会的な出来事の真の特徴が見えるようになるというのは、この複雑な構造ゆえである。アンジェラ・ネーグルは自身の記事「アイルランドは〝WOKE・WAVE〟を生き残れるか？」の中で格好の例を挙げている。記事は、人種差別に反対する多くの知識人は盲目的だとする。自分自身の差別意識が見えていないという意味ではない。自分のことを搾取されている不安定な労働者（実は大抵がそうである）ではなく、「有罪」側、つまり特権を持つ白人エリート側の一員だと認識しているという意味で

59. https://sciencing.com/emergent-properties-8232868.html からの引用
60. Angela Nagle「Will Ireland Survive the Woke Wave?」https://unherd.com/2020/07/will-ireland-survive-the-woke-wave/

だ。[60]これは、通常、学術エリートたちが貧困層や被搾取労働者との連帯を語るときに見られる問題の逆である。つまり、今日の反人種差別のデモでは、搾取されている側の知的労働者が自責の念も追加で背負っているというわけだ。なんという素晴らしいイデオロギーの成果だろう！　カリフォルニアの巨大ＩＴ企業が人種差別と性差別との闘いの先頭に立つ一方で、これら企業の実際の犠牲者は自己批判の儀式へと誘導され、自分のアイデンティティを過小評価させられているのだ。もちろん、この同じＩＴ企業は、パンデミックから最大の利益を得ているのである。

その意味で、パンデミックとともに「すべてのことが突然変わった」というよくある主張を問題視したデュアン・ルーゼル[61]は正しい。「物事がこれまで以上に今、同じであるからこそ（ここで私のヘーゲル的なものが顔を出す）、すべてのことが突然変わったのである」と彼は言う。一体、これを、どう読むべきか。物事がこれまでそうであった以上に同じという事実は、現実性と外見のギャップが現実性自体に内在する部分であり、現実性を構成していることを暗示している。無遠慮に言えば、現実性から外見を取り去れば、現実性自体が崩壊するということだ。そこで社会的現実性とイデオロギーの関係に戻ると、自由と平等の偽りの外見の下に、人種差別や性差別などの現実があると言うのは、単純に過ぎることになる。真実は外見の下にあるよりも多くが、外見それ自体の中にあるからだ。

マルクスにとって、資本主義的搾取は表面的な外見の領域の下で起きるものではなく、外

61. 引用はすべて、ルーゼルとの私信による。

見そのもの（たとえば、資本家と労働者の間の「自由な等価」交換という外観）に刻み込まれたものである。人種差別と性差別は、搾取の隠された原因あるいは真実ではなく、幻想による搾取の神秘化として働くことすらあるのだ。たとえば、人種差別や女性を下に見ることが搾取の原因であるかのように、搾取を女性や黒人の従属性のせいにする場合がそれだ。

　パンデミックについて、私がルーゼルの考え方を曖昧で物足りないと考えるのもこの点である。「我々は目覚める、だからこそ実生活で夢を見続けられると、ラカンは言った。同様に、パンデミックの目覚まし時計の機能によって、我々は自分たちの最深の病的な振る舞いに目覚めたというのが真実ではないか。これが排外主義、人種差別、家庭内暴力などの発生の説明になるのではないか」とルーゼルは言う。

　だが、この説明には中項が欠けている。パンデミックの前、我々はグローバル資本主義的イデオロギーの「実生活の中で夢」を見ていたのであり、パンデミックに反応して、再びイデオロギーの現実性の中に目覚めた（逃げ出した）――しかし、両者の間には、真のトラウマ的な断絶がある。

　この点を掘り下げてみよう。一体どのようにイデオロギー的な夢からの覚醒は作用するのか。イデオロギー的な夢は、単に現実性に反しているのではなく、現実性（として我々が認識するもの）を構成している。しかし、もし、現実性として認識するものが幻想によって構成されていたら、そして、幻想が生の〈現実（the Real）〉によって直接圧倒されないように我々を守ってくれる目隠しの役目をしていたら、〈現実性〉そのものが〈現実〉に遭遇することからの逃避として機能しうる。夢と〈現実性〉との対立において、幻想は〈現実性〉に味方するし、我々がトラウマ的〈現実〉に遭遇するのは夢の中だ。よって、〈現実性〉に堪えられない人のために夢があるのではなく、夢（の中で現れる〈現実〉）に堪えられない人のために〈現実性〉があるのだ。

これは、フロイトが『夢判断』の中で取り上げた有名な夢――息子の棺を見守るうちに眠りに落ちた父親が見た夢から、ラカンが導き出した考え方である。この夢の中で亡くなった息子が父親の前に現れ、恐ろしいことを訴える。「お父さん、僕が燃えているのが分からないの？」目を覚ました父親は、ろうそくが倒れて棺に掛けられた布が燃えているのを見る。この父親はなぜ目を覚ましたのか。煙の臭いが強すぎて、この臭いを夢に取り込んで眠りを長引かせることができなくなったせいか。いや、ラカンは、もっとずっと面白い読み解き方を提案している。この不幸な父親を目覚めさせたのは、外部の〈現実性〉からのシグナルの侵入ではなく、夢の中で遭遇したものの堪えられないほどトラウマ的な性質だと言うのだ。〝夢を見る〟ことが〈現実〉に直面するのを避けるために幻想することを意味する限りにおいて、父親は夢を見続けられるように、文字どおり目覚めた――その筋書きは、こういうことになる。煙によって眠りが邪魔されたとき、父親は眠りを長引かせるために邪魔する要素（火事）を盛り込んだ夢をすぐさま作り上げた。しかし、夢の中で直面したのは、〈現実性〉

よりもずっと強烈な（息子の死に対する責任という）トラウマだった。だから彼は〈現実〉を回避するために〈現実性〉に目覚めたのである。

では、この構造をＣＯＶＩＤ‐19パンデミックに当てはめるとどうなるか。再び、バリア＝アセンホとフントの力を借りるが、顕在的な〈夢の本文〉よりも根本的なものとして、パンデミックは、穏やかなイデオロギー的な眠りを邪魔する外部の〈現実性〉からの侵入者（燃える布と煙に相当するもの）のように機能する。この外部からの侵入者は、日常生活を動揺させるだけでなく、地球規模の危機のトラウマ的な認識（燃える息子の登場に相当するもの）の引き金にもなるわけだ。「パンデミックが氷山の一角だってことが分からないの？今後続発する感染拡大から地球温暖化まで、生存そのものを脅かすあらゆるカタストロフィの替え玉でしかないってことが、分からないの？ パンデミックは全世界的な緊急事態のリハーサルだよ。世界が燃えてるって、分からないの？」

　この悪夢のようなビジョンは我々を真の覚醒に近づけるのだが、我々はそれを避けるため、すなわち夢を見続けることによって、平凡な〈現実性〉に覚醒するのである。この偽りの覚醒は様々な形をとる。正常性への回帰（ＣＯＶＩＤ‐19は現実の脅威であることの徹底的な否定）、陰謀説、人種差別（感染の発生を民族的な他者のせいにする）、そして、企業資本のＩＴデジタル族が提案する「ニューディール」政策もそうだ。この政策はれっきとしたフェミニスト支援、反人種差別等々なのであるが、本当の覚醒からの逃避には違いない。

ルーゼルの「ＣＯＶＩＤ－19は〝ソーシャルディスタンス〟に我々を目覚めさせたが、ＣＯＶＩＤ－19自体がそれを導入したのではない」という指摘は正しい。彼は言う。

> 我々は、社会的関係が実際にかつて（パンデミック前の何らかの歴史的瞬間に）存在したと信じるために、物理的な距離を取り続けている。だが、数十年にわたる臨床資料からも、社会的関係は一度も存在したことがないのは明らかである。たまたまマクルーハンの〈グローバル・ヴィレッジ〉の時代に起きたＣＯＶＩＤ－19の期間中、過去にないほど社会的な結びつきが強くなっているのが本当ではないか。教師、医療従事者、そして小さな家に家族と籠ることを強いられた人たちも、かつてないほど強く社会的に結びついていると感じる人が多い。自身のメンタルヘルスや安寧のために、このような強くなった結びつきから離れる新しいモードが必要とされている。

私はルーゼルの「我々は、社会的関係が実際にかつて（パンデミック前の何らかの歴史的瞬間に）存在したと信じるために、物理的な距離を取り続けている」を、まさに、ジョルジョ・アガンベンをはじめ、隔離やディスタンスの順守に倫理的なカタストロフィを見る人々、すなわち、かつて存在した社会的関係の自発的な放棄だと言う人々に対する、暗示的な批判だと理解する。前にも論じたとおり、外出制限中の家庭内だけでなく、その外の他者とも

（主にデジタルメディアを通じて）社会的な結びつきを強めさせたのは、パンデミックに対する防御として実施された物理的距離を保つ行動である。そしてそれは同時に、物理的な近接性の爆発（レイヴ、パーティーなど）のきっかけにもなっている。

したがって、我々がパンデミックに伴って見てきたものは、共同生活から距離を置いた生活への単純な移行ではなく、もっと複雑な、近接性と距離の一つの布置（constellation）から別の布置への移行なのである。パンデミック以前の社会の特徴であった共同生活と私的領域の危ういバランスは、新しい布置に取って代わられる。この新しい布置の中では、実在の身体的な社会的交流のための空間が縮小すること（隔離などによる）が、プライバシーの拡大につながるのではなく、社会的な依存と統制の新しい規範を生み出すのである。

実は、この新しい布置というのが、多くの予期せぬパラドクスを連れてくる。たとえば、ダリアン・リーダーが言うように、国家が強要する人との距離は、ある意味、我々にとって物事を簡単にしてくれる。「どのくらい近づけばいいだろうか。人との適切な距離を保つにはどうすれば？私のパーソナルスペースを守ってもらうには？」こういう内面の葛藤に煩わされることがなくなる。ルールが外部から分かりやすく押しつけられるからだ。

距離を保つため、文字どおりの具体的なルールが外部から強制されることで、境界が作られ強化される。そして多くの人はそれを生活の中の喪失と認識する。今、国に

62. http://www.journal-psychoanalysis.eu/some-thoughts-on-the-pandemic/

よってはルールが緩和されたり廃止されたりしており、今後、正しい距離を再設定する努力が拡大すると予想される。だがそれは、場合によっては、暴力的な形をとる可能性がある。[62]

付け加えるなら、暴力は正しい距離を再設定する努力から直接生み出されるのではなく、その努力に反対する行動として生じるだろう。マスク着用を求められた飛行機やバスの乗客が暴力的な態度をとる事件の報道が、世界の各地にあることを考えれば分かる。

この奇妙な抵抗は、ＣＯＶＩＤ‐19パンデミックと、それを過剰規定する社会的大義との相互関係では説明できない。第三のレベル（真のトラウマである夢の〝無意識の願望〟に漠然と相当する）が作用しており、これはパンデミックがきっかけとなった存在論的カタストロフィ――通常の〝精神的危機〟をはるかに超えた、我々が基本的な現実性にアクセスする際の座標そのものの弱体化である。この存在論的カタストロフィはまた、〝無知への意志〟の大々的な復活の底流にもなっている。

ウイルスが人間の命を脅かす現在のような状況では、主たる態度は〝知への意志（will to know）〟になるはずだと思われるかもしれない。ウイルスをうまく制御し消滅させるためには、ウイルスの仕組みを完全に理解したいはずだからだ。しかし、今実際に目の当たりにしているのは、その知識によって通常の生活が制限されるぐらいなら、あまり「知りたくない」という意志である。

実は、似たような態度を、長年、カトリック教会がとっていた。近代科学の台頭に対応して、カトリック教会は知らない方がよいものがあると主張した。この態度と通じるものが啓蒙主義の擁護者カントにすら見える。彼は（『純粋理性批判』の第二版の序文で）、「信仰の余地を作るために知を放棄」しなければならないと書いている。信仰だけが我々の自由と道徳的自律を救うことができると[63]。

現代の認知科学も同じジレンマを引き起こす。もし脳科学が自由意志は存在しないという結論を強要してきたら、道徳的自律にどんな影響をあたえるだろうか。科学の結果が自律と自由の（概念の）脅威となるなら、科学を抑制すべきなのか。この板挟みの解決に我々が支払う代価は、科学と倫理のフェティシズム的な分裂である。「科学の主張はよく分かっているが、そうは言っても、自分の（見た目の）自律を維持するために、それは無視して、知らないふりをして振舞うほうがいい」。

現代啓蒙主義の哲学者ハーバーマスには、世俗化の弁証法に関して、ヨゼフ・ラッツィンガー枢機卿（後に保守的な法王ベネディクト十六世になった）との共著がある。その中で、我々は〝ポスト世俗化〟時代を生きており、人間の自由と尊厳の脅威にならないように科学の主張が制限されるのは当然だという命題を、この距離のある二人が揃って支持している[64]。究極の皮肉だ。

63. https://www.gutenberg.org/files/4280/4280-h/4280-h. htm#chap02
64. Jurgen Habermas and Joseph Ratzinger Dialektik der Sakularisierung（Freiburg: Herder Verlag, 2011）.

COVID-19の真の影響を無視する人々も、同じように行動する。「このウイルスについての詳細な知識は、自由で尊厳のある暮らしという考えを脅かす対策につながる可能性があるから、何も深刻なことは起こっていないように振舞うのがよい。科学者にはワクチンの研究をさせればよいが、それ以外、放っておいてほしい。いつも通りの暮らしを続けさせてくれ」。

改めて言うが、私が興味を持っているのは無知への意志と見られる具体的事例、つまり、パンデミックを真剣に考えることに対する明らかな拒否の拡大である。多くは新右翼ポピュリストの態度であるが、一部の左派の態度でもある。それは完全な否定から陰謀説まで様々な形をとる。

最後に五つの重要なポイントを強調しておきたい。

(1) 私の興味を引くのは、COVID-19の熟考を拒否する態度のほとんどの形において、特別なインサイダー情報、つまり〝ほとんどの人〟には見えないものへの洞察の肯定が、無知の前提となっている点である。パンデミックの深刻さを否定する人々ほど、社会の完全なコントロールを強いる〝ディープステート〟の策略など、秘密の陰謀を語る。つまり、無知はたいてい、始めた人だけが入手できる過剰な知識という形をとるのだ（ちなみに、それゆえ、私は無知の典型を表現するのに、「見ざる言わざる聞かざる」の三猿の図は決して使わない。無知の意志を持つ人たちは目を見開いて——他の人には見えない偽の事実を見ている——し、注意深く——陰謀説を——聞いているからだ）。

(2) COVID-19の知識を阻止する一般的な形は、直接の否定ではなく、精神分析でフェティシズム的否認として理解される形である。「僕も（パンデミックが深刻だと）よく分かっているけど」の常套句のあとに続く「だけど、それは受け入れない」だ。自分の知識の象徴的な効率は保留して、知らないかのようにふるまい続ける（同じようなことは、親しい人が亡くなったと知ったときにも起きる。理性的には知っているが、主観的にその知識を引き受けられない）。

(3) 科学は今日の数少ない希望の一つだと私は考えているが、断じて科学を鵜呑みにしたりしない。科学者が巨大製薬企業（とその他の大企業）によって買収されるからだけではない。少なくとも他に二点をここで挙げておく。①科学そのものが統一されておらず、COVID-19についても、経済や政治の崩壊の結果以外の諸説があること。②科学的手法（ここでは現代の実証主義的自然科学のこと）自体に内在する限界があること。それゆえハイデッガーは「科学は思考しない」と書いた。この〝思考〟することには、全体像の理解につながる内省的な手続きも含まれるが、科学はそれ自身の社会的・

イデオロギー的前提や影響を完全に思考することはできない。

(4)

上記は次のポイントにつながる。〝無視〟のプラスの側面も、十分に私は承知している。ハイデッガーがさらに指摘したとおり、科学が思考しないという事実そのものが、科学の強さであることだ。ヘーゲルも抽象化を〈精神（Spirit）〉の絶対的な力として賞賛した際に、同様の指摘をしている。現象の本質を理解するためには、人は多くのことを全体像から消去、もしくは抽象化しなければならない。日々の暮らしを機能させるためにも、我々は多くのことを無視する必要があるし、倫理についてもこれは成り立つ。大きな罪を犯した者が、正当化あるいは相対化のため自分の行動をどう認識したか――自分にとってどんな深い意味があったのかを説明しようとするとき、我々は、ア・プリオリに、これを却下すべきである。どんな民族浄化の背景にだって、常に〝深い〟詩的または宗教的なビジョンはある。だから犯人が「私のことも理解してください」と言うとき、答えは「断る。あなたが与えた恐怖に関するあなた自身の解釈は、自分がそれに耐えられるように、自分自身に言い聞かせている嘘だからだ。恐怖の〝内なる真実〟などではない」。

ただし、この一般的な洞察は、ＣＯＶＩＤ‐19下で科学の権威を失墜させようとする動きとは一切関係がない。マスク着用の義務に抗議する人たちの激情に、なんら積極的な解放論的要素はない。

(5)

最後のポイントは、現在、一般的にも最も重要なポイントだ。無知の意志の拡大を、権力者が虐げられた人々の知識を操作・制約していると矮小化できないという点である。二つの理由がこの矮小化を否定する。一つには、操作する者も常に自分の操作によって操作されるからである。権力者もまた分かっていないし、このやり方でしか君臨できない。マルクスによるイデオロギーの概念の核心である。

もう一つは、虐げられた人々が行う無視は、単に外部から課せられたのではなく、彼らの生き方に内在するものだからである。アメリカからドイツまで、マスクやソーシャルディスタンスに抗議する何万もの人々を見るがよい。自由や尊厳が脅かされていると認識するから、（しばしば暴力的に）行動しているのだ。スロベニアでは、学校で子どもにマスクを着けさせるのに反対する親たちが「うちの子は公園で口輪される犬じゃない！」と叫んでいる。理解はできる。パンデミックは我々に馴染んだ〝正常性〟の感覚――生き方を定める基本的な習慣の一部――を破壊し、〝不自然〟と感じるような生き方を強制しているのだから。人々がパンデミックのあらゆる真実を〝無視〟するのは、何か認識論的な限界や獣欲的な無知への意志のせいではなく、深い実存的不安のせいである。「こんなことを強制されてまで、まだ人間だって言えるのか」と。

これは我々皆に課せられた選択である。無知の意志への誘惑に屈するか、それともパンデミックを真剣に考える覚悟があるか。生化学的な健康上の問題としてだけでなく、自然のなかの我々（人類の）位置とか、社会的・イデオロギー的関係とか、複雑な全体性に根差した何かとして、パンデミックを考える覚悟があるか。それが〝不自然に〟振る舞い、新しい正常性を構築する必要に迫られる可能性のある決断であったとしても。

収まる気配を見せないパンデミックは、我々の世界をぐるりと縛る長い危機の鎖——生存環境への脅威から経済的・社会的衝突まで——の一つの輪であるだけではない。このパンデミックが発生した世界は、新ポピュリズムの台頭を特徴とする世界であることも踏まえておく必要がある。パンデミックとの相互作用によって、人種差別や反移民に向かうポピュリズムにさらに拍車がかかるのか、それとも、ポピュリズムの無能さを幅広い人々に知らしめる方向に向かうのか。また、猥褻性に寛容であるという新ポピュリズムの特性も、精査していく意味がある。

新しい猥褻な〈主《マスター》〉

今、猥褻な公共空間が出現し、外観と噂の対立の仕組みを変えようとしている。猥褻性に直接支配されて、外観はどうでもよくなったというのではない。むしろ、猥褻な噂の拡大や猥褻な行為が、逆説的に、権力の外観を支えているのである。この状況は、ある意味、最近の推理小説に登場する探偵の姿に起きている変化に似ている。探偵は手足が不自由だったり、ちょっと頭がおかしかったりする一方、完全無欠の探偵という威光は手つかずで残されている。同様に、政治のリーダーはみっともない行動をしたり、節度のないジェスチャーをしたりしても許され、それがかえって〈主〉としての地位を強化しているのだ。

　野卑な猥褻さをあえて前面に出して、どこまで突き進むのかと驚かせるトランプも、同類である。ＦＢＩの元弁護士リサ・ペイジに対するトランプの攻撃は、二〇一九年十月のミネアポリスでの集会にクライマックスを迎えた。彼女が元恋人のピーター・ストロックとやり取りした十通のメッセージをもとに、トランプはでっち上げの会話を演じて見せたのだ[65]。まるで二人がセックスの最中であるかのように、絶頂の瞬間まで再現してからかった。当然、リサ・ペイジは猛烈な怒りを爆発させたのだが、どうやら同じような結果が繰り返されるだけのようだ。宿敵たちがトランプを滅ぼすとどめの一撃になると思っても、彼は性懲りもなく生き残るのだ。

　我々が見ているのは、『裸の王様』のリメーク版である。アンデルセンの原作では、王様が裸であると声を上げるには無邪気な子供の視線が必要であったが、現在のあからさまな猥褻性の支配下にあっては、王様本人が自慢げに「俺は何も着ていない」と公言しているわけだ。ところが、このあけすけさ自体が、一層の神秘化の機能を果たしている。一体どういう

65. https://www.bbc.com/news/world-us-canada-50634645

仕組みなのか。古き良きカントロヴィチの『王の二つの身体』にある〈相同（homology）〉の議論で言えば、現代のポピュリストの王様は、二揃いの衣装を持っているのだ。個人的な品位の〝衣装〟を脱いだと自慢しながら、二つ目の衣装、象徴的な地位を表す着物は着ている。だから、トランプが一切の躊躇なく嘘を言うことだけでなく、さすがに言ってはまずいと思うような場面で彼自身が平然と真実を言うことによっても、彼の猥褻性が効果を上げる仕組みなのである。

たとえば二〇二〇年八月、トランプは郵便公社への補助金を打ち切る計画を発表したが、彼の魂胆を暴くには複雑な分析など必要なかった。なぜなら、郵便公社への支援停止を決めた理由を聞かれたトランプは、「民主党に投票する人を減らすためだ」としゃあしゃあと答えたのだ[66]。嘘をつくことは何らかの道徳規範を暗に意識している（分かっていて規範を破っている）ことを意味するが、この場合のトランプは嘘をつくよりひどい。文字どおりの真実を言うことによって、真実の重要性そのものを無効化（宙づりにする）ことをやっているのだ。

この真実の重要性そのものの一時停止は、トランプの〝Qアノン〟に対する扱い方を見ても明らかである。Qアノンは、トランプとその支持者に対抗する〝ディープステート〟という集団が密かな経路を持っていると主張する、極右の陰謀論である。この陰謀論は、二〇一七年十月、匿名の画像掲示板４ｃｈａｎに、〝Q〟という人物が投稿した書き込みか

66. https://www.theguardian.com/us-news/2020/aug/13/donald-trump-usps-post-office-election-funding

ら始まった。Ｑは当初一人のアメリカ人であったが、その後は複数がこの名前を使うようになったと見られる。Ｑは、トランプ政権とその反対派に関する米国内の秘密情報にアクセス権があると標榜し、これまでにリベラルのハリウッド俳優や民主党の政治家、政府高官など多数を、児童買春・人身売買組織のメンバーであるとしてやり玉に挙げている。また、トランプはロシア人との共謀を装って、ロバート・モラーの協力を受けて組織の存在を暴いたとか、バラク・オバマ、ヒラリー・クリントン、ジョージ・ソロスが企てたクーデターを阻止したとも主張する。

ＡＢＣニュースが報じたトランプのＱアノンへの対応が興味深い。「木曜日、ホワイトハウスは、ドナルド・トランプ大統領の陰謀論グループを容認する発言を擁護した。ケイリー・マケナニー報道官は、大統領がＱアノンのフォロワーを〝愛国者〟と呼んだのは、「自身の支持者について言ったこと」であるとし、「大統領は支援に感謝を示している」と述べた[67]」。トランプは慎重に、Ｑアノンの陰謀論を真に受けているとは言わず、二つの事実、すなわち、Ｑアノンを信奉する人々は自分の支援者である点と、そして彼らがアメリカを愛している点を確認することにとどめている（ここでは両方とも真実）。さらにトランプは主観的な事実（これも真実）、すなわち、彼らの支援に感謝している点を付け加えた。ここがトランプのトランプたるゆえんである。〈事実の真理（factual truth）〉の問題は視野に入って来ないのだ。よって我々はとりとめもない、言わば〝ポスト真実の空間〟にずるずると引き

67. https://abcnews.go.com/Politics/wh-defends-trumps-embrace-baseless-qanon-conspiracy-followers/story?id=72495721

ずり込まれてしまう。そこは前近代的な迷信（陰謀論）とポストモダンの皮肉な懐疑論の間だけを行ったり来たりする空間である。

二〇二〇年八月にフランスで起きた一連の事件――「全国で馬が切りつけられ、耳を切り落とされる不気味な犯罪が発生した。厩舎や乗馬クラブで約三十件が報告されており、儀式的な切断行為の可能性が疑われている」[68]――のような奇妙な事件も、現代の合理性からの一般的退行（それはかつて以上に今必要とされている）の一部と見られる。

今日の猥褻な政治家は、いかなる犠牲を払っても潔白を守ろうとするスターリン主義者とは好対照をなす。スターリン主義の指導者は、些細な不品行や欠陥でも地位を崩壊させる原因になると恐れていたが、今のニューリーダーたちは、自らの品位を徹底的に放棄しようとしている。この捨て去る行為が、有名作家の裏表紙の略歴のように作用すると踏んでいるのだ。「暇のあるときは、蝶の採集をしている」などと、偉大な作家も我々と同じ普通の人間であることを強調するあの作用である。作家の偉大さを損なうどころか、逆に対比によって偉大さを強化する効果を持つ。「ほらね。こんな凄い人もおかしな趣味を持ってるんだよね」。もっとも人が経歴に興味を引かれるのは作家が偉大であるからであって、普通の人の経歴なら関心もわかない。「ただの人が、暇なときに何をしてるかなんて、どうでもいいよ」。とはいえ、伝統的なポピュリスト指導者と現在のそれとの違いは、現在のポピュリスト指導者は政界のキム・カーダシアンだという点である。彼女は有名だから興味を持たれるのだが、有

68. https://www.theguardian.com/world/2020/aug/29/horses-slashed-and-ears-cut-off-in-macabre-attacks-across-france

名であることで有名なのであって、特に何か意味あることを彼女がしたわけではない。同様に、トランプはその猥褻性にもかかわらず有名なのではなく、猥褻性が原因で有名なのである。

かつての宮廷で王たちはしばしば道化師を雇っていたが、その役割は皮肉を込めた冗談や下品な発言で貴族っぽい外観を破壊する（それによって、対する王の品位を確実なものにする）ことであった。トランプに道化師はいらない。彼自身が道化師であり、その行動は彼を物まねする芸人の芸よりもおかしく、えてして悪趣味だ。トランプに係ると標準的な状況がひっくり返ってしまう。彼は猥褻な噂が流れるような威厳のある人物ではない。彼は猥褻性を品位の仮面に見せようとする（公然と）猥褻な人物なのである。

アレンカ・ジュパンチッチが、このトランプの論理と従来の支配の論理を詳しく比較している。「本来、王のイメージの悪口は同時に王自身の悪口であり、したがって許されない。しかし、新しい論理はこうだ。「イメージなど、あらゆる方法で〈去勢〉すればよい。私は望むことはほとんど何でもできるのだから」。もっと言えば、この新しい傷ついたイメージゆえに、その助けを借りて、やりたいことができる」のだ[69]。

これもまた、トランプが作用するメカニズムである。大衆が持つ彼のイメージはあらゆる形で中傷されるのだが、彼がさらに新たな猥褻の深みに到達する度ごとに人々はショックを受け、一体どうなっているのかと驚かされる。しかし同時に、前例のない大統領令を課すな

69. 未発表の原稿より引用

ど、彼は完全な意味で統治を行っている。イメージの去勢が想定外の方向に向かっていくのだ。ラカンが〈象徴的去勢（symbolic castration）〉と呼んだものの基本的事実は、私——私の（究極的には哀れな）精神的・社会的現実性——と私の象徴的な権能（アイデンティティ）とを隔てているギャップである。私は内在する特性ゆえに王なのではなく、私が社会的・象徴的〝殿堂（edifice）〟の中に特定の場所を占めているから、言い換えれば、他者が私を王のように扱ってくれるから、王なのである。

ところが、今日のように猥褻な主が存在する場合、〈去勢〉は位置を変えて彼の公的なイメージ上に作用する。トランプは自分を物笑いの種にし、品位の最後の一かけらまで自ら手放し、敵対する相手をショッキングな下品さで嘲笑う。だが、この自己卑下は決して彼の行政上の効率に影響しないどころか、最大の残虐性を持って政権を運営することを許しさえする。まるで、イメージの〈去勢〉（品位のエンブレムの破棄）を手放しで歓迎することで、実際の政治権力の〝去勢されない〟誇示ができるかのようだ。大衆の持つイメージの〈去勢〉は、イメージが重要でないとか、大切なのは実際の行政上の権力だとかいうメッセージではないことを理解する必要がある。むしろ、政策を執行する権力を完全に誇示するには、イメージが〈去勢〉されている必要があるのだ。

それでは、効率的でまじめな行政官のように行動することも、公にそのイメージを作り上げることも両方できる政治家（つまり「形だけの習慣を軽蔑し、結果にしか興味がない無味乾燥な人物」）の場合はどうだろう。実は、大衆のイメージと実際の人物とのギャップは、そんなアイデンティティの場合にも作用する。そして、本当の効率的な行政官と、その外観だけを纏った者の違いは簡単に見破れる。ただし、もっと重要なのは、効率的な行政官のイメージを作ることにより、実際にできることや権力の行使に重大な制限が課されるという事実である。一定のルールには従わなければならないからだ。

　では、なぜ、今のポピュリストの指導者らは、全面的な力の行使のために公職の品位を放棄するのだろうか。トランプの大統領権限の行使には、これまでに述べた二つだけではなく、三つ目の要素がある。冷酷な権限の行使（大統領令の実施）と、道化師のような猥褻な大衆イメージに加えて、象徴的な権限の〝拠点（site）〟という要素もあるのだ。この拠点はその好ましい中身（品位）を空っぽにされてしまっているが、完全に稼働しており、トランプが行政上の権限を行使することができるのは、まさにその空虚さゆえである。

　トランプは、猥褻な噂を広げる人物と認識されることが多い。だが、本当にそうなのだろうか。噂は〈大文字の他者（the big Other）〉の一つの特定の様態であり、ある意味、公共空間の品位を表す〈大文字の他者〉の反対にある〝表面〟である。[70]

　典型的な例として、仲間の一人の何かみっともない秘密を、全員が知っている小さなグループがあったとしよう。全員がそれを知っていることを一人ひとりが知っていると全員知っている。しかし、それでも、誰か一人がそれを声に出して言ったら決定的な断絶が生じる。

70. この論点は、あらゆる側面から噂と言う概念を詳細に検討したムラーデン・ドラーによる誰も新しいことを知るわけではない。ではなぜ、そのような厄介なことが起きるのか。それは、知らないふりができなくなるからだ。もう〈大文字の他者〉が知ってしまった。これは外観の〈大文字の他者〉であり、噂の領域はその真逆にある。しかし、噂は外観の背後に隠された〈事実の真理〉は伝えない。噂と外観は、お互いに対立はしていても、いずれも〈事実の真理〉の外にあるからだ。我々は品位という外観を維持するためなら、真実について口を閉ざすのをいとわないが、公共空間から排除された匿名の噂もまた、真実でなくても有効性が保たれる。通常、「本当かどうかは知らないが、○○が〜をやったって聞いた」、あるいは誰が言ったか分からない「〜っていう話だよ」という形をとる。

　この否認の形をとりつつ広がった強烈な噂の一例が、ロシアの主要TVネットワーク「チャンネル・ワン」が流したものである。同局のメインの夜のニュース番組Vremya（「時間」の意）の中に、コロナウイルスに関する陰謀論を専門に扱うレギュラーコーナーが設けられた。だが報道の姿勢が曖昧で、陰謀論のからくりを暴くように見せながら、一片の真実が含まれているかもという印象を視聴者に残す。そのメッセージ（謎に包まれた西側のエリート、特に米国に、コロナウイルスの拡散の最終的な責任があるという説）は、不確かな噂として広がるのだ。「真実にしては、バカバカし過ぎるが、ひょっとしたら、ひょっとするのかも」[71]。本当の真実が曖昧なまま残されても、奇妙なことに、このメッセージの持つ象徴的な力は失われない。噂と外観はいずれも〈事実の真理〉からの距離を維持している。時には、別の品

71. https://www.bbc.com/news/world-europe-51413870

位に対する配慮から、「事実として真理でない」と我々が（言われている本人も）分かっていることすら、公言する必要が生じたりもする。

しかし、このような〝公然と猥褻な真実の一時停止〟によって、合理的な批判の根本が破壊されたり効力が失われたりしないのだろうか。あるいは、パンデミックが引き金になった危機において、何か進歩的な可能性への期待を邪魔するような克服不能な障害になったりしないのか。ジャクリン・ローズは、私に（バーベック・サマースクールの討論で）同様の重要な疑問を示した。「精神病だとしても、公共の政治空間や瞬間がもつ進歩的要素に対するあなたの説明にこの猥褻性がまき散らされるのを、どう受け入れているのですか。倫理は猥褻性を打倒できますか。打倒できないと精神分析学全体が示唆しているのではないですか」。だが、私は状況はもっと複雑だと考えている。ゆがんだ猥褻性は、それを抑制する何の倫理的規制もなしに無意識が表に出るような契機ではないからだ。フロイトは、倒錯の中にある無意識は非常に把握が難しく、よって倒錯者を精神分析するのはほぼ不可能であると書いている。まずヒステリーを起こさせ、ヒステリー性の疑問の発生によって倒錯者の確信を弱める必要があるためだ。

しかし、今、長引くパンデミックに伴って目撃されているのは、倒錯あるいは平静いずれの精神的態度を示していた人々でも、徐々にヒステリー化していくのに似た過程だと考える。トランプをはじめとする新右翼ポピュリストは、すでに精神的に参っていて、神経過敏で、反応がますます一貫性を欠くようになり、自己矛盾を呈し、数々の疑問に悩まされているではないか。

ローズの質問に戻ろう。私は、猥褻性自体が元より一定の倫理に依存していると考えている。彼らが取る態度に倫理的と認めざるを得ないものがあるからだ。すなわち、猥褻な行動をする人々は、確かにその行動で衝撃を与えようとするが、同時にこれによって、日々の錯覚から人々を目覚めさせようとする倫理的な態度を示しているのである。

したがって、この猥褻性の倫理を克服する方法は、その一貫性のなさを白日の下に晒すことである。猥褻な行動をする人々は独自のタブーを持っていて、彼らが自分で思うほど急進的ではない。今、トランプほど自分の無意識の抑圧に束縛されている政治家はいない。特に、思いつくまま話しているかのように、率直な態度を装っているときのトランプが、それである。

圧制・抑圧・抑うつ

これまでの議論をまとめてみよう。

さほど遠くない昔、今ははるか彼方に思われる銀河系で、公共空間は個人的なやり取りの猥褻性からはっきりと区別されていた。政治家も、ジャーナリストも、その他メディア番組の司会者も、最低限の品位を持って人々に話しかけることを期待されており、まるで公益こそが関心の中心であるかのように行動し、下品な表現や個人の交際関係への言及は避けていた。もちろん、不貞などの噂はあったが、それだけのことで、プライベートな問題を扱うのは低俗な雑誌だけだった。ところが、今日、有名人の赤裸々な私生活を主要メディアでも読むことができるだけなく、ポピュリスト政治家自身が、恥知らずの猥褻性に退行してしまっている。〝フェイクニュース〟が出回り、噂や陰謀論で溢れかえっている場は、ほかでもない〝パブリックドメイン〟である。

オルタナ右翼によるこの恥を知らない猥褻性の台頭について、何がそれほど驚きなのかを見失ってはならない。アンジェラ・ネーゲルが『Kill All Normies（パンピーは皆殺しだ）』の中で非常にうまく分析している。[72] 従来（あるいは、少なくとも伝統を振り返ってみたときに）、恥知らずの猥褻性は、伝統的な支配を揺るがすもの、〈主（the Master）〉から偽りの品位を奪うものとして、破壊的に作用した。若かりし一九六〇年代、抗議運動をする学生たちは権力者を狼狽させる目的で、猥褻な言葉やジェスチャーを好んで使ったのを思い出す。そうやって政治家の偽善を糾弾した。しかし、公共の猥褻性の増長とともに今起きていることは、権威の喪失や主となる人物たち（Master figures）の退場どころか、力強い再登場である。我々は数十年前には想像もつかなかったもの、猥褻な〈主〉を迎えようとしているというわけだ。

72. Angela Nagle『Kill All Normies』（New York: Zero Books, 2017）

ドナルド・トランプは、この新種の猥褻なポピュリスト〈主〉の典型である。「彼のポピュリズム（普通の人々の幸福を気遣うそぶり）はフェイクだ」とか、「彼の実際の政治は富裕層の利益を守ることだ」とかいったお決まりの批判では不十分だ。トランプの支持者たちは決して非合理的に行動しているのではなく、また、原始的なイデオロギーの操作の犠牲者として、自分の利益に反する投票をさせられているのでもない。自分たちの中では極めて合理的であり、彼らがトランプに投票する理由は、トランプの推進する〝愛国的な〟ビジョンの中に普通の日常の問題――安全とか雇用の安定とかも扱われているからだ。

トランプが大統領に選出されたとき、複数の出版社からトランプ現象を精神分析的に批判した本を書かないかと誘いがあったが、私は、トランプの当選の〝病理〟を追求するのに精神分析は必要ないと答えた。精神分析するべきことがあるとすれば、それに対する左派リベラルの反応の非合理的な愚かさだけである。その愚かさゆえに、トランプが再選される可能性も高くなる。もし左派がトランプの下品さの最たるものを理解したいなら、学ぶべきはトランプのペ○スを掴む方法だ。

品性の基本規範にあえて背き、猥褻な快楽を生むメッセージを使って、有権者を臆面もなく攻撃することだけで、トランプは勝利したのではない。実は、ショッキングな下品さを通じて、トランプは支持者に納得がいくような話も提供している。極めて限定的でひねくれた納得のしかただが、それでも左派リベラルの話よりは明らかに効果的である。トランプの恥を知らない猥褻性は、いわゆる〝普通の人々〟との連帯のサインとして役立っているのだ。「ほらな、俺もお前と同じだよ。皮膚の下はみんな赤いんだ」。

同時に、この連帯はトランプの猥褻さが限界に達するポイントも教えてくれる。トランプは徹底的に猥褻なのではない。アメリカの偉大さを語るとき、あるいは対立候補を国民の敵だと撥ねつけるとき、彼は真剣に受け止められることを意図しており、彼の猥褻性が自らの真剣さのレベルを対照的に強調する意味を持つ。猥褻性は、アメリカの偉大さへの信念を猥褻に誇示する方法として機能することが意図されているのだ。

だから、トランプを弱毒化するためには、彼の猥褻性の〝拠点〟を取り払い、〝真剣な〟発言を猥褻なものとして取り扱うことから始めなければならない。下品な性差別的または人種差別的な用語を使うとき、トランプは真に猥褻ではない。彼が真に猥褻なのは、世界で最も偉大な国としてのアメリカを語るとき、あるいは、経済措置を実行するときなのだ。彼のスピーチの猥褻さが、この最も基本的な猥褻性を覆い隠しているのである。

ここで、前述のマルクス兄弟の金言を言い換えることができる。「トランプは恥知らずの猥褻な政治家に見えるし、そんな行動もする。だが、騙されてはいけない。本当の恥知らずの猥褻な政治家なのだ」。

近ごろ増殖している公共の猥褻性は、私的空間と公共空間の間の第三のドメインをなしている。私的空間が公共圏まで進出しているためだ。このハイブリット領域は、サイバースペースへの没頭、つまりチャットルーム、ツイッター、インスタグラム、フェイスブックに夢中になるのにうってつけだ。もちろん、トランプも、自分の決定のほとんどをツイッターで公表しているのだが、彼の投稿は〝リアル・トランプ〟を伝えていない。この公然の猥褻性のドメインは、個人的な体験をシェアする場所ではなく、嘘や偽善、純粋な悪意で満ちたパブリックドメインであり、人々がその中で不愉快な仮面を着けているかのようにやり取りする場所だ。ここでは、個人の親密さと公共の品位〈大文字の他者〉との間の標準的な関係が逆転する。猥褻性はもはや私的な交流に限定されず、パブリックドメインそのものの中で炸裂するのだ。個人の親密な純粋さの中で無邪気なままでいながら、すべてが単なる猥褻なゲームだという錯覚の中に居続けることが可能になる。だから批評家の最初の仕事は、あらゆるドメインで——政治だけではなくエンタテイメントにおいても、この純粋さがフェイクであることの実証である。最新の実例を見てみよう。

> グウィネス・パルトロウは、〝膣〟から強力なビジネスを生み出した。彼女は自身が手がけるウェルネスブランドのGoopを通じて、膣のスチーム洗浄というコンセプトや、翡翠製の〝膣エッグ〟、他では手に入らない〝セックス・ダスト・ムーン・ジュース〟サプリメントなど、様々な商品を紹介してきた。二〇二〇年一月の新商品は〝膣ろうそく〟。すでに完売しており、入荷待ちの状態である。（中略）この商品が目

指すのは、「ファンタジーと誘惑、洗練された温もりを感じる気分にする」ことだと、Goop の商品説明は屈託なく紹介している。入荷待ちリストに登録して購入できれば、価格は七十五ドル（五十八ポンド）となる。[73]

ここでパルトロウが暗示しているのも、彼女は自分の私的な品位を保ちながら、猥褻なゲームを楽しんでいるだけということだ。これは拒否すべきことである。彼女の私的な品位は、自分の膣を公然と商品化しているという事実を覆い隠す虚偽のマスクだからである。[74] 消費者保護機関が疑問を呈するのは想像に難くない。この製品が本当にパルトロウの膣の香りだと消費者はどうやって知るのか。これを証明する方法があるのか。

この虚偽の寛容さの中で我々が目の当たりにしているのは、圧制的な抑圧（oppressive repression）と寛容な圧制（permissive oppression）の違いである。アラン・エレンバーグの『Weariness of the Self（自分に疲れるということ）』に言及して、ペトラ・ケトルとロバート・ファラーは、「かつては知っていたような映画の終わり」という記事に書いている。

その前の数十年は〈抑圧（repression）〉（精神分析学の意味で）が特徴であったと、エレンバーグは論じる。人々は多くのものを求めていたが、社会の厳格なルールがそれに制限をかけていた。だからその結果起きた危機は〝許されること〟の危機であっ

73. https://www.harpersbazaar.com/uk/beauty/fragrance/a30510012/gwyneth-paltrow-vagina-candle/ から引用。
74. このトレンドは継続中。歌手エリカ・バドゥは自身の使用済み下着から作った膣のお香の販売を発表。https://www.msn.com/en-gb/lifestyle/style/erykah-badu-to-sell-vagina-incense-made-from-her-used-underwear/ar-BBZIHxr?ocid=spartanntp

> た。逆に、今日の社会は〝抑うつ（depression）〟の社会である。社会は多くの面で寛容になり、これまで禁止されたり糾弾されたりしたことが許されるようになったが、気づけばそれを希望することができなくなっていた。つまり、切望の危機である。うつ病や倦怠、抑うつが、今の社会の典型的な問題になっている。[75]

ポストモダンの寛容的な転換より前、我々の文化は先天的な犯罪の構造を特徴としていた。すなわち、法律は特定の行為を禁止しながら一部の違反をひそかに呼びかけ、そうして我々の欲望を生かしてきたのである。今日、何も（どんな性的行為も）明確に禁止されていないが、欲望の座標はそれゆえに失われた。なぜだろう。ここで回避すべきは、欲望を持続させるには禁止が必要であるとか、欲望は禁止を破ることを糧にしているとかいう一見〝論理的な〟結論である。

この点で、ジョルジュ・バタイユは人生の最期の時期に、一九六〇年代の性革命を批判している。「すべてが許されたら欲望は殺される」と。だが、抑圧への回帰は抑うつへの回答ではない。また、禁止を持続させてくれるような（厳格あるいは残忍な方法でなく、罪への欲望を生かしておくのに十分な程度の）〈主〉を想像するという穏健な形でさえ、回答にはならない。このような形でごまかすことはできないのだ。なぜ寛容さが欲望を殺すのか、その秘密はどこか他のところにある。

75. https://crisiscritique.org/2020/july/petra&robert.pdf

もう一度、ポリティカル・コレクトネスを簡単に見ておこう。ポリコレはすべての人に欲望の表現を保証する建前になっているが、実際は従来の抑圧よりも圧制的である。ただ、ある非常に強い欲望は、ポリコレの中でも生き残る。それは犯罪行為を探し出したい、あらゆる所で人種差別や性差別の悪魔に嫌疑をかけたい、絶滅させたいという欲望である。この欲望は分厚い規則のネットワークによって保持されていて、この規則の違反こそ本当に禁止されている。下品な冗談もだめ、セクシャルハラスメントもだめである。

ギリシャの経済学者ヤニス・ヴァルファキスは、小説『Another Now（もうひとつの今）』の中で、抑圧と抑うつの対立を社会の現実そのものに当てはめて示している[76]。物語の筋を簡単に言えば、資本主義者のグループが〝もう一つの今〟とコミュニケーションをとる方法を見つけ、やがてそこに入っていく。もう一つの現実の中では、二〇〇八年危機のあと、歴史は別の展開をたどっており、結果として国際社会は民主主義的な市場社会主義になっているというものである。その社会では、一つの中央銀行が透明性を維持した上で通貨供給を管理しており、金融投機は意味を失って消滅している。また、市民がそれぞれの地域に割り当てられるために所有権は分散し、医療と人権がすべての人に保証されている。つまり、この自己調整された国際社会では、あらゆる具体的な要望が聞き届けられる方法があり、よって、敵意もなければ抵抗する理由もないのだ。主人公グループに突きつけられる選択は、この〝もう一つの今〟に残るか、あらゆる闘争と暴力に満たされた新自由主義の〝今〟に戻るか……。

76. Yanis Varoufakis『Another Now: Dispatches from an Alternative Present』（London: The Bodley Head, 2020）括弧内の数字はこの本におけるページを表す

だが、ヴァルファキスは、〝もう一つの今〟の完全性を台無しにしてしまう一連の特徴を用意している。一つは、経済的疎外や搾取は克服され、社会の透明な自己管理の中で疎外された実在としての国家は解体されているのだが、女性の抑圧は日々の慣習のレベルで微妙に生き残ることだ（この点、私はヴァルファキスに賛成しない。むしろ逆の可能性、すなわち人種差別や家父長制度は排除されるが、経済的搾取は存続するポストモダンの多文化社会になる可能性があると私は考えている）。

もう一つの特徴は、市場の交易やそれが意味する競争的な態度は、猛々しさもそのままに存続していることである。

> 〝もうひとつの今〟で抵抗者たちが成し遂げたことに、私は魅了され、感動し、正直、畏敬の念すら抱いた。特に、企業、貨幣、土地所有、そして市場の民主化だ。ただ、民主化された市場とはいえ、いまだに〝善の至高性〟と究極的には我々の基本的な幸福をも蝕む、取引上の代価というメンタリティーが優先されている。民主化された市場社会というのは資本主義から解放されていて、我々の社会よりはるかに好ましい。しかし、唯一の重要な例外がある――交換価値が固定されており、したがって、市場の最終的な倒壊につながる本物の革命ができないことを私は懸念するのだ。（二一八〜九頁）

フランクフルト学派の観点から言えば、〈道具的理性（instrumental reason）〉のようなものが、この用意周到な交換社会に残されているわけだ。だから単純な善、愛情から発する見返りを期待しない、そのためだけに行われる行動が入る余地がない。そして、『Another Now』で創造された社会を崩壊させるものがあるとすれば、人間の欲望が作り出す〈ねたみ（envy）〉だろうと付け加えてもよいはずだ。

ラカンにとって、人間の欲望の根本的な〝行き詰まり（impasse）〟は、主格と目的格の両方の意味において、欲望が他者の欲望であることだ。すなわち、他者を求める欲望、他者によって求められたいという欲望、そして、とりわけ、他者が求めるものに対する欲望である。聖アウグスティヌスがすでによく知っていたとおり、ねたみと恨みは人間の欲望の構成要素である。ラカンがしばしば引用する彼の『告白』の一説、母親の乳房をくわえている弟に嫉妬する乳児の場面を思い起こす。「まだ話すこともできないこの乳児が嫉妬する様子がありありと分かった。顔が青ざめ、悲痛な面持ちで乳兄弟を見ていた」。

この構成要素としての〈ねたみ〉の役割に気づいたジャン＝ピエール・デュピュイ[77]は、ジョン・ロールズの正義論に対し、説得力のある批判を加えている。ロールズの公正な社会のモデルにおいては、社会の梯子の一番下にいる人々を助けるならば、また、それが生まれつきの階級ではなく自然な不平等にもとづくのであれば、社会の不平等は許容される。自然な不平等は偶発的なもので、利点とは見なされないからである[78]。

77. Jean-Pierre Dupuy『Avions-nous oublie le mal? Penser la politique apres le 11 septembre』(Paris: Bayard, 2002)
78. John Rawls『A Theory of Justice』(Cambridge, MA: Harvard University Press, 1971 (revised edition 1999))

ロールズが見落しているのは、彼が言うような社会になったら、恨みが無制限に爆発するのを許す条件が生じるという点だ。自分が下層ステータスに置かれているのには十分な理由があると納得しなければならないし、自分の失敗を社会の不正義のせいにする言い訳もできなくなることになる。ラカンは、ニーチェやフロイトと同様、平等と認識される正義は、ねたみ――自分が持っていない物を持っていて、それを享受する他者に対するねたみ――の上に成り立っていると考えていた。

フレドリック・ジェイムスンは、『アメリカのユートピア』の中で、ねたみを置き去りにする共産主義にありがちな楽観的な考え方に対し、完全な否定を示している。共産主義はねたみを資本主義競争の残り物と考え、連帯や協働、他者の喜びに喜びを感じることに置き換えるべきと考えがちである。この神話を排除しつつジェイムスンは、共産主義においては、社会が公正であるほどねたみや恨みが爆発すると強調する。なぜか。正義を求めることは、究極的には、全員が同じように喜びを得られるように、他者の必要以上の喜びは奪うべきという欲求だからである。

この要求の当然の帰結は、禁欲生活である。平等な喜びを与えることができないなら、平等に共有される禁止を課してしまえとなる。しかし、仮にも寛容な社会と言われる現在忘れてはならないのは、この禁欲生活はまさに寛容とは逆の形、一般化された命令の形をもって行われることだ。「楽しめ！」だ。

我々はこの命令の魔法をかけられており、結果として楽しみはこれまでで最も妨害されている。これはおそらく、ニーチェが〈末人（Last Man）〉の概念で考えていたことだろう。今日ようやく我々は、快楽主義の禁欲生活という外観を装った〈末人〉の輪郭を見定められるようになったのである。

ヴァルファキスが用意した〝もう一つの今〟を駄目にする特徴の三つめは、その透明性ゆえに、この社会は完全統制の社会だという点である。所有物も活動も他者に丸見えで、行動は厳格な〝ポリティカリー・コレクト〟な方法で規制されているというわけだ。

さらに特徴の四つ目、その民主主義的透明性と正義のために、〝もう一つの今〟には抵抗する対象がなにもない。齢を経た急進左派の登場人物アイリスについて、次のような記述がある。

> 体制に対する激しい怒りは、アイリスの唯一の生き方であり、孤独に対するワクチンであった。だが、〝もう一つの今〟はあまりにも心地よく、健全で、怒りの対象にはなりえない。それが彼女の人生を堪えがたいものにしていた。（二一九頁）「ヤンゴ、私のことは何もしらないでしょ……」と、アイリスはにこやかに答えた。「反体制派だってこと以外にはね。でも、あっちにいたとき、彼らのポリコレさ加減と、完全な社会を作ったといううぬぼれ以外には、異議を唱えることが何もなかったのよ」。

（二二八頁）「こっちの〝今〟が私の本来の生きる場所なのよ。ヤンゴ。血が騒ぐ実感があって、自分が危険な存在だと感じるのは本当に恐ろしいことだけどね。抵抗を経験して、それが作り上げた体制を見てきたんだもの。支配階級とその制度の馬鹿々々しさを糾弾することにかけては、こっちの誰よりも自信を持ってるわ。言っておくけど、こっちの奴らを転覆させるほうが、ずっと簡単よ」。（二二九頁）

アイリスには、ベラルーシの今――評判の悪い暴君への抵抗が燃え盛る二〇二〇年八月は居心地よいのではないだろうか（抵抗者たちが勝利したウクライナでは貧困が無くならず、状況ははるかに不透明になっている）。ここでも問題は、（我々の〝今〟の）抑圧と（〝もう一つの今〟の）抑うつの間の膠着状態をいかに打開するかである。抵抗が生きる本質なのだから、圧制の力が存在しないなら、抵抗のために自分たちで圧制を創り出さなければならないという、明白だが誤った結論に至るのを避ける方法はあるのだろうか。アイリスは自分が真の抵抗者として行動し感じるためなら、何百万人が不要な苦悩に晒されてもよいと言うだろうか。

ありがちな解決策は、圧制に対する闘争には終わりがなく、新しい形の圧制が常に現れると仮定することによって、この膠着状態を回避しようとする策である。だが、カントの〈無限の課題（infinite task）〉という道徳主義にある矛盾を分析する中で、ヘーゲルはこの解決策を批判した。J・N・フィンドレーの簡潔なまとめを引用するなら、「もし最高善を道徳規範に従う〈自然（a Nature）〉と捉えると、道徳規範そのものがこの善から無くなってしまう。なぜなら、道徳的規範は自然が不服従であることを前提としているからだ。絶対的な目的である道徳的行為が、道徳的行為の排除をめざしているように見える」[79]。これこそ、アイリスの不満そのものではないか。絶対的な目的である抵抗が、抵抗の排除をめざしているように見えるのだ。

　よってこの膠着状態の唯一の解決策は、ヘーゲル派の策ということになる。つまり、完全な民主主義があらゆる疎外された構造を廃するような〝自明（self-transparent）の社会〟などという全くの理想は破棄するべきなのである。〈疎外（alienation）〉は我々の自由の条件のひとつなのであり、息ができるスペースを与えてくれるから自由を行使することもできる。私が住む〈大文字の他者〉（社会的実体）が私にとって、また〝それ自体に対して〟不透明（non-transparent）である（影で糸を引く秘密の〈主〉などいない）場合のみ、私は自由なのだ。〈和解〉とは〈疎外〉と和解しなければならないことであって、〈疎外〉の克服ではない。したがって、〝もう一つの今〟の問題は、まさに、この社会が事実上〈疎外〉を消し去ってしまうことなのである。

79. https://www.marxists.org/reference/archive/hegel/help/findlay4.htm

新ポピュリズムはファシズムではない

トランプの行き当たりばったりが、パンデミックで炸裂した。感染流行に対する混乱した一貫性のない対応が広く注目されている。当初、トランプは中国の対策を称賛していたが、後には、アメリカの問題を中国と民主党のせいにした。さらに治療の可能性に関する異様な主張や、正常への早期復帰の呼びかけも混在している。この猥褻性と政治パラノイアと民衆智（folk wisdom）の混在は、今日の新右翼ポピュリズムの特質を表す完璧な例であるが、同時に、従来の全体主義のポピュリズムと、今日の新右翼ポピュリズムの違いも浮き彫りにしている。この機会に一歩下がって、今日のポピュリズムのユニークな特質をもう少し詳しく分析してみよう（この議論はもっぱらユヴァル・クレムニッツァーの論文[80]による）。

他のポピュリズムと同様、今日のポピュリズムも国民を直接代表しているようなふりをしながら、政治の代表制を信用していない。〝ディープステート〟の金融組織に手を縛られているとして、「手を縛られてさえいなければ、敵をきっぱりと排除できるのだが」などと不平を言う。だが、正規の代表制民主主義の撤廃や、新しい秩序の強制に走りがちな昔ながらの権威主義的ポピュリズム（ファシズムがその例）とは対照的に、今日のポピュリズムは、何らかの新しい秩序について首尾一貫した展望など持っていない。その積極的なイデオロギーと政治の中身とは、〝親愛なる〟貧困層を操り、富裕層には減税し、移民とアウトソーシン

80. 特にことわりのない引用は、Yuval Kremnitzer『The Emperor's New Nudity: The Media, the Masses, and the Unwritten Law』（草稿）より

グを進める腐敗エリートとに対する増悪を煽るための、一貫性のない政策のブリコラージュでしかない。

だから、今日のポピュリストは確立された代表制民主主義を廃したり、完全に権力を掌握したりすることを望んでいない。「闘うべきリベラルの秩序という足かせがなければ、新右翼も何らかの実際の行動をとらなければならないはず」だし、それは新右翼の目論見の空虚さを明らかにするはずである。これが今日のポピュリストの第一の特徴である。彼らは自分たちの目標の達成を無期限に延期することにおいてのみ機能できるのだ。なぜなら彼らの一貫性は、リベラル体制の〝ディープステート〟への敵対に依存しているからだ。「新右翼は、少なくとも現段階では、至上の価値の確立を目指しているわけではない。たとえば、国家とかリーダーとか、何か人々の意志を完全に表し、場合によっては代表制のメカニズムの破棄を許す（あるいは必要とする）ような価値を追及しようとしてはいない」。

では、想定する敵を本当に破壊する気がないなら、今日のポピュリストは計略に内在する敵意をどのように扱っているのか。実は、政治的実体の欠如に代わりにあるのが〝スタイル〟である。具体的には、社会の不文律（の一部）を破る猥褻性に直接訴えるスタイルである。あらゆる文化の秩序には、人前で話すことが許されないことを規制する不文律が含まれるものである。この不文律は、政治指導者の後ろ暗い私生活についての噂や、汚い言葉や下品な当てこすりから、もっと〝無邪気な〟それゆえにもっと残酷なケースまで、様々なレベルで運用されている。

　明らかなのに公然と口にできないことの極端な例が中国にある。鄧小平の晩年、公式には引退したことになっていたが、誰もがその後も彼が裏で糸を引いていることを知っていた。にもかかわず、ある中国共産党高官が海外ジャーナリストとのインタビューで、中国の事実上の指導者として鄧小平に言及したとき、〝国家機密〟を漏らしたとして糾弾され、厳しく処罰された。これで分かるとおり、国家機密というのは必ずしも少数しか知ることを許されない情報である必要はなく、全員が知っている情報であっても良いのだ。ラカンが呼ぶ〈大文字の他者〉という外観の秩序以外、全員が知っていようとも関係ない。

　一方、猥褻性は不文律と同質ではなく、不文律が顕在化した結果でもない。猥褻性はこの不文律を破るときにあらわれる。明示的には禁止されていないが、やったり言ったりすべきでないと皆が知っていることをやったり言ったりするときだ。たとえば哀しく恐ろしい例として、あまり人々の口にのぼらないことだが、ブラジルだけでなくアメリカやスウェーデンのような富裕国も、経済と普通の生活の外観を維持するために、数万人の、特に高齢者や病人の命をＣＯＶＩＤ‐19の犠牲にすると決めている。この恐ろしい事実を皆知っているが、人前でそれを言っては節度を欠く。おそらく尊重されるべき暗黙のルールがあるのだ。

　もっと滑稽な例を挙げるなら、人前での腸内ガスの放出は極めて下品だと誰もが知っているし、このルールを大っぴらに言うこと自体が節度を欠く行為である。だが、トランプだけは厚かましくもこれをやる。メラニアを洗練された女性だと演説でほめたとき、「一緒に暮らしていて彼女がおならをするのを聞いたことがない」と言い放った。

新右翼のポピュリズムには、なにか独特の状況がある。「まともな側にいるはずの政治家が大々的に鞍替えして、醜悪な側に直接訴えるようなことも可能になっている。（中略）この新しい形の権威がこれほど理解しがたい理由は、暴露を錯覚として逆に作用させるあけすけなやり方ゆえである。仮面を外す行動が、仮面として機能するのである」。

クレムニッツァーの定式化は的確である。仮面を外し、容赦なく意図することを発言することが、仮面として機能するのだ。なぜか。その猥褻な形が内容の空虚さを覆い隠すからだ。ここでの猥褻性の機能は極めて明確である。中間項をなす率直さ（medial sincerity）（リベラルの正式な規則の順守への固執に対立するもの）の指標であることを、猥褻性は期待されているのだ。

トランプはこのモチーフを次々と変化をつけて使う。彼自身認めるとおり、礼儀のルール（に限らない）を徹底して守らず、品のない当てこすりを用い、敵に対して裏付けのない、あるいは露骨に嘘の非難を浴びせるが、リベラルの型通りの礼儀正しさとは鮮やかな対比で、本気でそう思っている証明としてこれをやるのだ。

さらに、今日のポピュリストは、疑似マルクス主義の手法で、代表制政治の正式な手続きの中で政治的偏向を糾弾する。だが、ゲームのルールは参加者全員に中立でも平等でもなく、むしろ国民の意志を直接十分に表現するのを妨害・操作するために作られている。これが今日のポピュリストがやっているゲームである。リベラルな政治空間の〝代表制の論理〟の中に留まってはいるが、たえずその嘘を誘い出し、「代表制の論理ではとらえられない嘘を持ち出してくる」。ポピュリストの粗野な不品行は、

> 礼儀正しいリベラルの敵にレッテルを貼る行為である。右派はもはや公然とパレードすることも恐れないのだが、その事実を偽善的に否定する者というレッテルを貼る。右派によって暴露された真実――象徴秩序は暴力的な現実を隠ぺいするための聖人ぶった外観に過ぎないことの発覚――は、批判的思考の反イデオロギー的な計略と調和する。だから批判ではこれに対抗できないことをリベラルは思い知るのだ。

この意味で、ポピュリストの批判は、リベラルの中立性という錯覚のポリコレ的な暴露と対比される。実は両者はお互いに補完し合い、補強し合っている。「左派の道徳的な怒りが、右派の破戒の欲求を煽る。それがまた左派の道徳的な怒りを煽り、こうして悪循環は続いていく」わけだ。

ポリコレという態度の致命的な欠陥を理解するには、ラカン派による〈喜び（pleasure）〉とそのトラウマ的過剰である〈享楽（jouissance）〉との区別を考えざるを得ない。単刀直入

に言えば、ポリコレの規則が排除しようとするものは、〈喜び〉ではなくそのトラウマ的次元にある〈享楽〉、喜びと苦痛、欲望と暴力の混合としての〈享楽〉である。ポリコレの態度は当然マゾヒズムも受け入れるのだが、厳格に同意にもとづく形でなければならない。はっきりと同意を示さなければ、相手を打つなど許されない。この態度が示唆するのは、欲望の混乱から距離を置いたところで、自分が本当に欲しいものを知っている明瞭かつ理性的な〈エゴ〉があるという考え方である。そして、この〈エゴ〉が、明示的な同意を与えなければならないのである。

しかし、諸事がごちゃまぜになった場合は、どうするか。求めるものが同意の形にまとまらないグレーゾーンがあったら、どうなるか。たとえば、自分の同意に反して、同意なしに打たれたり辱められたりしたいとしたら、明示的に同意すればすべて台無しになってしまうような状況だとしたら。そして、〈享楽〉がまさにこのグレーゾーンに存在するとしたら……。

さらに具体的に考えてみよう。四つの選択肢がある。一つは、代表制政治の手続きの中立性を信じる〝リベラルな形式的法治主義〟。そして、この立場に批判的な三つの立場がある。まず一つが、正式のリベラルな中立性を疑いの目で観察し、その人種的・文化的・性差的な偏見をあぶりだそうとする〝ポリコレな分析者〟の立場である。このポリコレの態度は、基本的なリベラルの座標内にあるが、隠された偏向を廃絶することでそれを全面的に実現しようとする。問題は、個人の責任を重視しすぎることである。道徳主義的な熱意を持って、対象者の行動を詳細に分析し、人種差別や性差別の痕跡を探し出そうとする。だが、その領域は文化と性のアイデンティティの領域であって、急進的な経済や社会の変化の領域ではない。行動を変えさせよう、人種差別・性差別の表現を排除しようとさかんに鼓舞したりするが、その表現を生み出した社会についての分析は目的としていない。

　二つ目の批判的な立場は、〝猥褻なポピュリズム〟である。ポリコレな批判が上品な分析で明らかにしようとする内容でも、彼らはあけすけに発言できるために衝撃力が生まれる。猥褻なポピュリズムは、（ポリコレ側から見て）先に自分の罪を認めてしまうやり方で無罪をアピールするので、ある意味、ポリコレの分析が役に立たなくなる。開いているドアを打ち破ろうとするようなもので、ポリコレ側の非難は、一見丁重な発言やジェスチャーの中に人種差別や性差別の痕跡を発見して、お互いを分析するのに多くの時間を費やしてしまう。あるいは、シュジャー・ハイダーが簡潔にまとめるとおり、「左派リベラルのアイデンティティ政治と、オルタナ右翼の白人ナショナリズムは、そもそも比較不可能なことは指摘するまでもない。問題は両者が両立できてしまうところにある」[81]。

　ポリコレの厳格な道徳主義と新右翼ポピュリズムの公然の猥褻性は、実はコインの表裏であって、どちらも約束したことを実行しない。一方のポピュリストの猥褻性の問題は、道徳的に無責任であることではなく、本当に猥褻ではないことである。良識のルールを無視し

81. https://unherd.com/2020/07/will-ireland-survive-the-woke-wave/ からの引用

たり、思ったことを何でも慎みなく口にしたりする向こう見ずな態度は、何を言ってよいか、言ってはいけないかを定める不文律という、濃い地下世界を覆い隠す偽りの態度でしかない。

同様に、ポリコレの態度も強固に道徳主義的だとか、猥褻性の活気に欠けるというのではない。実はポリコレの過剰な道徳主義もまた、日和見主義の計算や偽善や独善を覆い隠すという意味で、偽りの態度なのである。彼らの態度は独自の不文律で満ちている。たとえば、マイノリティは他の誰よりも大切にされる。禁じられることと許されることとの基準は微妙に違って、ファッションのように頻繁に変わる。反人種差別は隠れた人種差別的な傲慢さにもとづいている（アイデンティティを主張するよう他者をそそのかし、それによって白人は普遍的な立ち位置を確保する）。そして、なにより、疑問を持つべきでない意識（すなわち急進的な社会変化の意識）というものがある。だから、権力の座にはもっと女性を増やすべきだが、権力構造自体は変えるべきでない。貧困者は助けるべきだが、自分たちは豊かでい続けるべきだ。大学の権力の座は下位にある人々に性的奉仕をさせるために悪用されるべきではないが、性的色合いのない権力は不問に付される、というわけである。

サンダースが大統領候補になれなかった主な理由について、彼のキャンペーンの焦点が支持されていた階級の反乱から、リベラルの反トランプ闘争に変わったため――階級闘争が文化戦争に変わったためだと指摘した、アンジラ・ネーゲルやマイケル・トレーシーは正しい[82]。民主党のリベラル左派を喜ばせようと、徐々に階級蜂起より文化的な話題を優先するよ

82. https://americanaffairsjournal.org/2020/05/first-as-tragedy-then-as-farce/

うになっていったのだ。たとえば、最も危険なのはグローバル資本主義ではなく、トランプの〝ファシズム〟であって、我々は一致団結してこれに抵抗しなければならないというリベラル左派の意見を、サンダースは暗に認めてしまった。バイデンがこの反トランプの結束というゲームを極めてうまく進めているのも当然だ。ジョージ・ブッシュが反トランプでバイデンを支援するだろうという噂まである。

バイデンは、今やネオコンの支援さえ得て、まるで映画『チャンス』（ジャージ・コジンスキーの短編小説を映画化したハル・アシュビーの作品）の主人公のようだ。自閉症のある社会的に孤立した庭師で、アメリカ大統領の下で働くようになるチャンスの役をピーター・セラーズが演じている。大統領が不慮の死をとげたとき、チャンスは亡き大統領の賢明な側近だと誤解され、庭の手入れについての彼の純粋な言葉は国際問題を動かす暗喩と解釈されてしまう。彼が〝たまたま〟そこにいたからである。同様に、単に〝たまたま〟そこにいただけで、ほとんど何の意味もないバイデンは、欲しい自由は何でも認めてくれる、企業金融資本にとっては理想的な大統領になるだろう。[83]

実際、海外からも高い評価を得たバイデンの民主党大会でのスピーチは、壮大なたわ言《ブルシット》だった。団結や共感ばかりで、経済も社会正義もスルー。だがフォックスニュースですらこのスピーチを称賛し、トランプも、巨大金融機関の束縛から普通の労働者を守っているという自分の主張を強調するために、このスピーチを評価基準に使うことだろう。二〇二〇年一一

83. この見解はヤニス・ヴァルファキスの私信による

月の選挙でも、再び、階級闘争ははぐらかされ煙に巻かれることになる。トランプ流ポピュリズムと、巨大企業に代表されるその宿敵との対決として表されるだけに違いない[84]。

では、〝リベラルな形式的法治主義〟に批判的な三つ目の立場とは何か。それは、アキレウスと亀のパラドクスでいうところの〝左派のアキレウス〟の立場である。ポリコレの態度にもつきまとっているこのパラドクスは、ハーパーズマガジンが発表した公開書簡の中で明確に表現されている。過剰なポリコレに意義を唱えたこの公開書簡には、ポリコレが過激すぎると考えるリベラルと、過激さが足りないと考える真正の左派という、バラバラのグループに属する著名人がこぞって署名している。つまり、〝ポリコレのアキレウス〟は、人種差別・性差別が完全に排除された社会という亀には決して追い着けず、永遠の自問にとらわれ続けるわけだ。人種差別・性差別を排除したと思ったときには、亀は少し先に移動していて、人種差別・性差別の新しい一層厳しい基準が成立しているからだ。その点、〝左派アキレウス〟の行動は少し違う。亀に追い着こう（ポリコレ基準を完全に満たそう）とはしない。その基準自体が資本主義社会に本来存在するものだと分かっていて、社会経済的変化の方向に前進することによってその亀を追い越していくのである。

84. 現代における階級闘争の強力な再起とは、あらゆる矛盾の階級闘争への収斂ではなく、メディアが注目する他の闘争が階級闘争により変位効（displaced effect）として過剰規定されることである。マシュー・クラインとマイケル・ペティスが『Trade Wars Are Class Wars』（New Haven: Yale University Press, 2020）で立証するように、米中の“貿易戦争”は、両国内の階級闘争を背景に分析して初めて理解ができる。

COVID-19の時代、我々が知っていた世界秩序は崩壊しつつある。複数の国がWHOとの関係を断とうとしたり、かつての武器合意を破棄しようとしたりしている。トランプは国内の主要都市の街中に軍を配備する考えを公表し、中国は台湾への武力侵略の可能性を議論している。プーチンは、通常兵器で攻撃されることがあれば、ロシアは核兵器を使用することを示唆している。この流れの延長で、国家主義ポピュリストたちがパンデミックを千載一遇のチャンスとして、海外の敵に矛先を向けて鎖国でもするのだろうと期待していたが上手くいかず、虚勢は厚顔無恥な無能さの誇示に変わり果てているようだ。

世界の三大権威主義ポピュリストを見てみよう。アンジェラ・デュワンが言うように、「トランプ、プーチン、ボルソナーロ。この三人は、実は自分のポピュリスト戦略がコロナウイルスにはかなわないと気づいている」。

> 世界のポピュリスト・リーダーにとって、新型コロナウイルスのパンデミックは栄光の瞬間になっていたはずだった。その流行期間に高まる恐怖と不安は、ポピュリストの増長を許す典型的な感情だからである。ところが、一部のポピュリストは自分の国を感染拡大にぼろぼろにされて、おのれの無力さを感じている。アメリカ、ブラジ

ル、ロシアは、今、世界で最も陽性者数の多い国であり、死亡者数も上昇の一途、経済も壊滅的な打撃にあえいでいる。[85]

COVID‐19危機に、二〇二〇年五月に始まったジョージ・フロイド殺害に抗議する全国的なデモが重なって、ドナルド・トランプは、自分が尋常ならぬ窮地に立たされていることに気づいた。フロイドの最期の言葉「息ができない」は、COVID‐19で亡くなる人の最期の言葉でもある。両者の関連性は明らかである。警察による暴力とコロナウイルスのいずれにおいても、黒人は白人よりはるかに影響を受ける割合が高いからだ。この状況に直面して、トランプでは全く勝負にならない。求心力のあるビジョンを打ち出すことも、強く求められるリーダーシップの素振りをすることも、事態の重大性を認めて何らかの希望や展望を提供することも、トランプにはできない。ロバート・ライシュは書いている。「気がついていなかったのなら、許されるかもしれない。爆弾発言は今まで以上にやかましいが、ドナルド・トランプはもはやアメリカ大統領ではないのだ[86]」。なぜなら、「警察と州兵で鎮静化できないなら、軍を送ってその〝無限の力〟で抗議デモを粉砕する」と脅したとき、トランプは内戦の主体かつ先導者になったのである。

　だが、これは一体何の戦争か。今回のアメリカでの抗議運動について、絶対的に重要なのに十分に強調されていない論点がある。それは、ポリコレなリベラル左派とネオコン・ポピ

85. https://edition.cnn.com/2020/05/31/world/coronavirus-trump-bolsonaro-putin-populists-intl/

86. https://www.theguardian.com/commentisfree/2020/may/31/donald-trump-coronavirus-pandemic-george-floyd-minneapolis-tweets

ユリストとの間で繰り広げられる〝文化戦争〟の場には、この抗議運動の燃料となっている不満が入れる余地がないという点だ。リベラル左派の抗議運動に対する態度は、尊厳ある平和的な抗議行動はOKだが、行き過ぎた破壊や略奪はNGという態度である。もちろん基本的には彼らは正しいのだ。が、行き過ぎた暴力の持つ意味が見落とされている。それは、緩やかな政治的変化をめざす平和的リベラルの道はうまくいったためしがないという事実や、アメリカには制度的な人種差別が根強くあるという事実に対する反応こそが、この行き過ぎた暴力であることだ。暴力的な抗議行動から生まれるのは、政治空間では十分に表現されることのない怒りなのである。

　同じ理由で、数多くの体制の代表者ら――リベラルのみならず、保守派も――が、抗議運動に対するトランプの挑戦的な態度を公然と批判している。体制側は是が非でも、この抗議運動を自由主義の〝永遠の〟人種差別との闘いに向かわせたい。急速な過激化を防ぐためになら、これまでの対策が十分でなかったことも、この先も長く厳しい道が続くことも、いつでも認める。彼らが本当に恐れるのは、抗議の暴力性が高まることではなく、リベラル体制とは一線を画したプラットフォームを持つ、自主的な政治運動へとこの抗議運動が変容することなのである。マシュー・フリスフェダーが言うように、「我々が学ぶべきは〝ポストヒューマン〟になる方法ではなく、公平に〝ポスト資本主義〟になる方法である」[87]。ポストヒューマニズムは、究極的には、ポスト資本主義を考えられないという意味でしかない。フレ

87. 私信より

デリック・ジェイムスンの言葉を言い換えると、すべての人間が配線された脳でデジタルに相互につながり、全世界的な自己意識を共有することを想像するほうが、グローバル資本主義を越える動きを想像するより簡単だからだ。

暴力的な抗議行動は、リベラル社会の抑圧された人々の回答である。リベラルな多文化主義のボキャブラリーでは定式化できないものを成立させるための症状とも言える。口ばかりで行動を起こさない人を批判することはよくあるが、アメリカの今の抗議運動はその逆と言ってよい。自分たちの腹立ちを表現するぴったりの言葉がないから、暴力的な行動に出てしまうのだ。

再びブレヒトの古い言葉「銀行を設立することに比べたら、銀行強盗など大した罪ではない」を言い換えると、人種差別の偏見を維持したままで多文化主義の寛容を実行しようとするリベラルの猥褻さに比べたら、直接の人種差別主義者の猥褻さなど大した罪ではない。あるいは、ヴァン・ジョーンズがＣＮＮで語ったように、

> 心配すべきは、クー・クラックス・クランのような白人至上主義者ではない。セントラルパークで犬を散歩させているリベラルのヒラリー・クリントン支持者だ。彼女は今でも「人種なんて気にしないわ。私には人種なんて大した問題じゃないの。すべての人が同等だと思ってるし、慈善団体に寄付もしてるのよ」と言うだろうが、尊敬

できない黒人、あるいはちょっとカチンとくる黒人を見たとたん、アーリアン・ネーションで教えられたとおりに人種を武器にするだろう。[88]

しかし、このジョーンズが挙げた例は実はもっと複雑である。ひとりの白人女性が近づいてくる黒人男性を見て不安を感じ、奪われないようにバッグをしっかり抱えたら、ポリコレの批評家は、人種偏見による行動だと彼女を責めるだろう。これに対し、新右翼のポピュリストは、彼女（あるいはその知人）が過去に黒人男性のひったくりにあったのだろうから、不安は正当化されると反論する。

　これに対しポリコレ批評家が、黒人男性が結果としてそんな行動に走る社会的原因を検証すべきだと再反論するだけでは十分でない。なぜなら、黒人のひったくりを罪に問わないために、ポリコレ批評家もまた、黒人男性を非主体化しているからだ。行動に完全に責任がないから無罪なのではなく、不幸な環境の産物であるから無罪と言っているのである（一方、白人至上主義者は道徳的に完全に責任があり、その理由から卑劣と扱われる）。抑圧された黒人にとってそれは、（人種差別主義者が言うように）主体性のない存在になるか、それとも（ポリコレなリベラルが言うように）客観的状況の産物になるかの悲しい選択でしかない。どうすればこの袋小路から抜け出せるか。どうすれば抑えきれない怒りを、新しい政治的主体性に変えることができるのだろうか。

88. https://www.foxnews.com/media/cnn-van-jones-white-liberal-hillary-clinton-supporter-scarier-kkk

この方向に最初の一歩を踏み出したのは、一部の警察官たちだった。ニューヨーク市警のテレンス・モナハン署長を含め、多くの警察官が抗議デモ参加者の傍らで片膝をついた——二〇一六年に国歌斉唱時にアメリカのアスリートが始めたポーズである。このポーズをとることは、自国内に人種の不正義が存在することを表すシグナルであり、国歌に対する不敬を示すことで、自分のアイデンティティを国家によって定める意志がないことを表している。「これは私の国ではない」と。このアメリカ国内の抗議運動を香港の抗議運動の再演だと解した中国メディアが、上機嫌で報じたのも当然である。香港政府に中国国歌など国家の象徴に対する一切の冒涜を禁じさせることが、中国当局の要求なのである。

片膝をつくポーズは、別の意味も持っている。特に抑圧的な権力装置の一員として行動する人たちが行う場合に持つ意味——たとえ自己卑下の色彩を帯びていたとしても、それは抗議デモに対する敬意のシグナルとなる。この意味と基本的なメッセージである「このアメリカは、私（職務上その利益のために行動することが求められているが）の国ではない」とを合わせてみると、警察官たちのポーズの意味が完全に理解できる。ありふれた反米主義ではなく、新しい始まり、別のアメリカを求める声なのだ。

だからＣＮＮの分析が訴えた「アメリカは今でも世界の道徳的リーダーなのか？　今週トランプがやったことを考えれば、そうとは思われない」[89]は、もっと辛辣さを強めるべきだろう。リベラル左派の寛容のビジョンをはるかに超えた抜本的な倫理政治的な刷新を必要とし

89. https://edition.cnn.com/2020/06/06/politics/us-protests-george-floyd-world-moral-leader-intl/

ているぐらいであるから、アメリカが世界の道徳的リーダーだったことなどかつてないのは明らかだ。

では、我々は、道徳的リーダーシップの事例をどこに求めるべきだろうか。反ロックダウンのデモとブラック・ライヴズ・マターのデモとの間には、画然とした区別がある。反ロックダウンのポピュリストが、普遍的な自由と尊厳を掲げて抗議している一方、ブラック・ライヴズ・マターの抗議者は、特定の人種グループに対する暴力を注視している（そして、一部の警察官は反ロックダウンのデモ隊に共感している）のだが、「前者に加わることを警察官に求めるという考えは（普遍性を公言していても）お笑い種であるのに対し、後者は（限定された闘争に見えても）警察官が賛同すれば歓迎される」[90]。要は、片や〝普遍的な〟はずの反ロックダウン抗議者らには、白人アイデンティティに対する暗黙の偏見が存在し、他方、ブラック・ライヴズ・マターの参加者は、本質的に普遍的なのである。したがって、真に普遍的な立場からアメリカの人種差別と闘う唯一の方法は、黒人差別を〝唯一の普遍性（singular universal）〟すなわち、普遍性への鍵を与える特別なケースと見ることである。

私がよく引用する、今はなきドイツ民主共和国の古いジョークがある。シベリアで職を得たあるドイツ人労働者が、手紙がすべて検閲されていることを知って友人に言った。「決めごとをしよう。僕から受け取った手紙が青いインクで書いてあったら、それは事実で、赤いインクだったら嘘ということにしよう」。一カ月後、その友人は青いインクで書かれた手

90. トッド・マガウアンとの私信より

紙を受け取った。それにはこう書いてあった。「ここは、何もかもが素晴らしいよ。店には品物がいっぱいで、食べ物は豊富だし、アパートは広いし、暖房もちゃんと効く。映画館では西側の映画も上映されるしね。ここに売ってないのは、赤いインクだけだよ」。これこそを抗議運動は探求すべきである。メッセージを適切に構成するために必要とする〝赤いインク〟だ。言い換えれば、詩人アミリ・バラカの息子でニューアークの市長でもあるラス・バラカが言うように、我々は銃を使っても勝てない。勝つチャンスを得るには本を使わなければならないのだ。

「パンデミックによって開花した共産主義的抗議」という私の発想を、正統派左派の多くは、革命党がない革命などありえないという標準的なマルクス主義の議論を持ち出して却下した。何を求めるかを理解している組織化された勢力が必要で、そのような勢力は今どこにもないじゃないかと言う。しかし、この非難は、現在の窮状に特徴的な二つの側面を無視している。一つは、健康と経済の両面で、この状況そのものから求められる対策は、市場メカニズムを一時停止させ、同時に「各人はその能力に応じて働き、その必要に応じて受け取る」の名言に従う対策だという点である。だから権力の座にいるのが保守的な政治家であっても、ユニバーサル・ベーシック・インカムに近い施策を採ることを余儀なくされているわけだ。二つ目の側面は、グローバル資本主義制度が〝パーフェクト・ストーム〟に近づいていることである。健康危機が経済危機や環境危機、国際紛争、世界中で勃発する反人種差別運動に合わさって起きる相乗効果だ。これらの闘いのすべての統合、つまり本来すべて結びついているという意識こそが、計り知れない解放的潜勢力（emancipatory potential）を持つのである。

それゆえに、小島秀夫の伝説的ビデオゲーム『メタルギアソリッド4 ガンズ・オブ・ザ・パトリオット』で死にゆくビッグ・ボスが最期に発した言葉「世界を変える事ではなく、ありのままの世界を残すために最善を尽くすこと[91]」は、今この時にこそふさわしい。さらに今日の状況を考えると、もうひと捻り必要だ。森が燃え、COVID-19が日常生活を破壊し、新富裕層の陰で貧困が広がる中、何とかして「ありのままの世界を残しておきたいなら、世界を根本的に変えなければならない」のだ。何もしなければ、我々の世界はやがてその住民にも認識できないものになってしまうだろう。

マイク・デイビスは精密な分析の中で、オーストラリア全土で植物を破壊している火事の歴史的背景をこう解説している。

> 一九四〇年代後半、自然科学者らがベルリンの廃墟を研究所として、戦争中の三年間にわたって続いた爆撃のあとに生じる植物遷移を研究した。予想ではこの地域の本来の植生――オークの森林と低木がやがて再生すると思われていた。が、恐ろしいことに予想は外れた。新たに優占種として繁茂したのは、外来の、ほとんどがドイツにはゆかりのない植物だったのだ。このデッドゾーンの植生が持続し、ポメラニア地方

91. https://www.quotes.net/mquote/1040531

> 本来の森林が再生できなかったことにより、〈第二の自然（Nature II）〉をめぐる議論が活発になった。論点は、焼夷弾の高熱と粉砕されたレンガ建築とが新しいタイプの土壌を創り出し、更新世氷床の氷堆石に「天国の木」の名を持つニワウルシなどの植物の定着を招いたのではないかということだ。これが正しければ、全面的な核戦争などが発生したら、壮大な規模でこの生育条件が再現されることになると警告が発せられた。（中略）二〇〇九年初めのビクトリア州でのブラックサタデー森林火災のあと、オーストラリアの科学者らは、放出されたエネルギーは広島型原爆の千五百発分だと算出した。アメリカ西海岸の現在の猛烈な火災はさらに数倍規模が大きく、その破壊力は水素爆弾数百発のメガトン数とすべきものである。我々が神聖と考えていた風景を踏みにじり、新しいひどく邪悪な自然が焼け跡から急速に姿を現しつつある。我々の想像力で、このカタストロフィの速さと規模を捉えることはほぼ不可能である。[92]

我々（人間性、すなわち我々の生産様式）は、単に〝自然を破壊している〟だけでなく、我々の存在する余地のない新しい自然を共同で創造しているのである。そして、このパンデミックは、「新しいひどく邪悪な自然」の典型的なケースではないのか。それならば、我々はもう自然の保存、地球上の生命の自然の形態を残すことについて悩む必要はなくなるのか。自然はちゃんと生き残り、我々の認識を越えた変化をするだけなのだから。

92. https://rosaluxnycblog.org/california-fires/

ここで回避しなければならない深刻な罠は、多角的な地球規模の危機に直面しているのだから、特定の介入では十分でない、一種の急進的な倫理的変化、新しいグローバル倫理が必要だと結論することだ。権力者はそうした新しい倫理の呼びかけが大好きである。危機から脱け出すシンプルな方法を示しているように見えるからだ。権力者というものは、危機を倫理的な問題だと見なしたいと熱望しているのだ（二〇〇八年に、バチカンがいち早くこの危機は資本主義的金融の危機ではなく、倫理の危機だとコメントしたのを思い出す）。

　今必要なのは、一つの側面を他の側面より優先することなく（パンデミックと闘っているのだから、環境危機を無視する権利があるというような主張は認められない）、直面している危機のすべての側面について明確な認識を整えることである。そして、根本的な社会の変化がこれに続くことである。行動が思考に続かなければならない。

監修者解説　ジジェクのパンデミック論の進展

岡崎龍

本書は、Slavoj Žižek, *Pandemic! 2 Chronicles of a Time Lost*, New York / London 2020 の全訳である。すでに翻訳刊行されているジジェクの『パンデミック』（斎藤幸平監修、中林敦子訳、Pヴァイン、二〇二〇年）に後続する本書は、二〇二〇年春以降の情勢の変化を念頭において執筆されたものである。ジジェクは本書で、おおむね時系列に沿いながら、ドイツのノルトライン・ヴェストファーレン州の食肉工場での集団感染にはじまり、シュトゥットガルトの略奪、ベラルーシの抗議行動、アメリカ大統領選といった出来事を、時には新旧の映画やラカン派精神分析、ヘーゲルやカントといったドイツ古典哲学についての独特の知見に基づいて分析している。

ジジェクの現状分析の鋭さにはかねてより定評があるが、本書を一読してはっと気づかされるのは、ジジェクには現状分析だけでなく先見の明もあるということだ。このことは、本書脱稿後（監修者のもとに原書が届いたのは二〇二〇年十一月である）に起こったことと、本書で危惧ないし予見されていることのいくつかを見比べてみるとはっきりする。一つの例を取ろう。本書において繰り返されるテーゼの一つは、「貧困のパンデミックを克服することなしにウィルスのパンデミックを終息させることなどできない」（本書八一頁）というもの、すなわちグローバル資本主義を克服することこそが、コロナ禍に終止符を打つことなのだというものである。こうした洞察に基づいてジジェクは本書で、グローバル資本主義の出来する貧困という問題から目を背けて、資本主義の制度は維持しつつも小手先の技術でコロナを取り除くことができる、という考え方を一つ一つ取り上げてその不毛さを批判している。たとえばワクチンについてジジェクは次のように言う。「危機はいつまでも続くのだ。おそらく、たとえCOVID-19のワクチンが開発されたとしても、今後も感染発生や環境変動に脅かされ続ける〝ヴァイラルワールド〟から逃れられない――ということを受け入れる勇気を持つべきだろう」（本書六十頁）。こうした発想自体は既訳の『絶望する勇気』（青土社、二〇一八年）において論じられたものであるが、ワクチン接種によっていち早い正常化が見込めると考える我々のほぼすべてにとって、いくらなんでもそれは、と考えさせるような文言であったかもしれない。しかし、二〇二〇年十二月二十六日のEU諸国でのワクチンの分配開始後に我々が今日目にしているのは、様々な「変異株」の感染が拡大している現実である。ワクチン接種によって変異株による感染が終息する可能性が消えたのではないとはいえ、ジジェクの洞察の鋭さを感じさせると同時に我々の恐怖心を強める出来事である（もちろんジジェク自身は反ワクチン論者ではなく、迅速な接種を望んでいる[1]）。

1. https://www.fr.de/kultur/gesellschaft/corona-pandemie-neuinfektionen-coronavirus-krise-philosoph-slavoj-zizek-probe-impfungen-impfstoff-90122074.html

ただし、ジジェクの洞察の鋭さのみならず、本書を前書と比較することで、ジジェクが自らの洞察をブラッシュアップさせている、あるいはもっと言えば、ジジェクが前書での立場の不完全さに気づいたのではないかと思わせる変容が見て取れるように思われる。それはとりわけ、前書でジジェクが用いていた「我々はみな、同じ舟に乗っている」という現状認識にかかわるものである。前書においてジジェクは、この「我々はみな、同じ舟に乗っている」というロジックを用いて、一九一八年にソ連で提唱された「戦時共産主義」というおどろおどろしい名前を使って対決策を提示した。もちろんここでのジジェクの意図はソ連賛美にあるのではなく、「危機においては我々はみな社会主義者なのである」（前書七十七頁）ということを強調し、「基本的な公共サービスが機能し続けること」（前書七十六頁）を要求するものだった。

　しかし本書においてジジェクが展開する理論には、力点の変化がみられる。いわばどうやら、我々はみな同じ舟に乗っているわけではないのではないか、ということである。つまり、コロナ危機は、万人に普遍的に降りかかるものではなく、むしろ早々と舟から逃げ出せた者と、危険であるにもかかわらず舟に残らなければならない者という差異が顕在化してきたのである。フィリピン系アメリカ人看護師はアメリカの看護師全体の三パーセントを占めるに過ぎないにもかかわらず、コロナ感染がもとで死亡した看護師の三十パーセント近くがフィリピン系アメリカ人だというニュースが伝えられているが[2]、こうした不均等は氷山の一角で

2. https://www.businessinsider.com/filipinos-make-up-disproportionate-covid-19-nurse-deaths-2020-9?r=DE&IR=T

あると思われる。こうした、万人に均等に降りかかるものとしての危機という見方から、その不均等性への洞察への移行こそが、前書に比較して本書に見られる最大の転換点の一つである。

このことは、ジジェクの（悪名高い）ポリコレ論のうちによく表れているが、この点を正確に理解することは、パンデミックをその全体性において把握するために極めて重要であるように思われる。周知のようにジジェクは、かねてより資本主義の問題に比してレイシズム、フェミニズム、ジェンダーあるいは環境問題を等閑視していることが批判されてきた。[3] しかし本書で前書に比べて明らかに前景化しているのは、前書ではほとんど論じられることのなかったレイシズムの問題系である。本書の複数の章で、アメリカを中心としたレイシズムの問題が取り扱われている。

とはいえ一読してわかるように、ジジェクは依然として、レイシズムを資本主義と切り離して論じることには極めて批判的である。たとえばジジェクは本書で次のように言っている。

> 「黒人大統領だって誕生したじゃないか。これ以上、何が欲しいんだ」。現在の抗議活動は、この質問に対する赤裸々な回答なのである。この「これ以上」をはっきりと言うことが我々の責務だ。八年間のオバマ政権下でさえ、先立つ数十年の全体的な傾向はおおむね継続した。富める者と貧しい者の格差は広がり、巨大資本はさらに強力

3. 隅田聡一郎（ベルリン）との私信による。

になったことを思い出さねばならない。（本書五十五頁）

　ジジェクがここで問題にしようとするのは、資本主義を温存したままで（つまり「これ以上」を言わずに）、資本主義のシステムにかなった形でのレイシズムの克服を自称するような言説である。ジジェクが敢えてコロナ禍での反差別運動を取り上げて、こうした運動をコロナ禍なのだから一時休止するべきだといってその抗議の声を無効化するような言説を厳しく批判したのも（本書補遺）、もはや我々がみな同じ舟に乗っているのではないという洞察を得たからに違いない。むしろコロナ禍においてこそ、レイシズムをはじめとした差別が多様な形で顕在化し、しかもそれが資本主義下においては物象の支配に極めて密着した形で進行しているからである。こうして本書でジジェクは、「共産主義」という言葉こそ前面に押し出さないにしても、パンデミックの克服が資本主義の克服なしには不可能であるという前書以来のテーゼをさらに前進させ、パンデミックの被害の不均等な広がりに着目した分析を進めている。

　最後に、ジジェクの分析の中に一貫して見いだされる二面性に着目しておきたい。ジジェクは本書で、コロナ危機においてこそ哲学が必要であることを強調している。とりわけ哲学の意義は、本書冒頭で述べられているように、哲学によってはじめて「人間の命に対する基本的なスタンス」（本書八頁）を捉え直すことができる点に見出されている。さらにジジェクは、マルクスが哲学批判を行った有名な「フォイエルバッハ・第十一テーゼ」を転倒させて、「二十世紀、我々は世界をあまりに急速に変革しようとした。しかし、今、新しい方法でそれを解釈する時が来たのである」（本書九十頁）と述べている。こうした哲学の意義は、バーニー・サンダースやグレタ・トゥーンベリにはないとジジェクがみなした（本書第九章）、新しいビジョンをもたらす力のうちに求められているようにみえる。

しかし本書には、ジジェクが哲学では不十分であり、精神分析によって補強されるべきであると論じている箇所がある（本書九九頁）。精神分析という言葉で具体的に理解されているのは、ラカンの「他者の他者は存在しない」というテーゼであるが、ジジェクはこのテーゼを次のように具体化している。

> この多面的な〈他者〉の背後にある〈他者の他者〉、すなわち、この裏で糸を引きゲームをコントロールしている高次の存在（神、運命、自然）を探したいという衝動が生まれる。だが、パンデミックに関していえば、全体を説明できる一つの原因（資本主義、気候、中国、陰謀）はない。（本書一〇三頁）

ここで驚くのは、ジジェクが精神分析理論に頼ることによって、自身の主張そのものを裏切ってしまっているように見えることである。気候、中国、陰謀はいいとして、資本主義がパンデミックの原因でない、というのはどういうことなのだろうか。ジジェクは、貧困のパンデミックを解決せずにはウイルスのパンデミックが解決しない、と述べていたが、「貧困のパンデミック」は他でもない資本主義によるものではなかったのか？　それともこれは、資本主義の制度を温存するのではなしに、資本主義とは異なる新しい世界を構想することを要求するジジェクの身振りそのものが、この「他者の他者」を求める衝動でしかないことを示す、ジジェク流のイロニーなのだろうか？

本書は、「パンデミック」を冠したものでありながらも、パンデミックが単なる医学や科学、政策のみによって解消可能なものではなく、レイシズムや貧困をその全体性において把握する哲学的反省を我々に迫るものであることを明らかにしている。本書が資本主義批判へと駆りたてるか、資本主義批判を「〈他者の他者〉探し」とみなして冷笑させるか、あるいはこのどちらでもない道（はい、お願いします！）に向かわせるかはわからない。本書が、多くの人が否応なく――しかしそれぞれ劇的に違った深刻さで――突き付けられている現実を反省的に捉え返す助けとなることを願うものである。

二〇二一年一月二十四日　監修者

スラヴォイ・ジジェク

1949年スロヴェニア生まれ。哲学者。リュブリャナ大学社会科学研究所上級研究員、ロンドン大学バークベック人文学研究所インターナショナル・ディレクター。哲学や政治理論における新地平を切り拓き、文学や映画を縦横無尽に論じている。

著書に『イデオロギーの崇高な対象』(河出文庫)、『汝の症候を楽しめ』(筑摩書房)、『ラカンはこう読め！』(紀伊國屋書店)、『ポストモダンの共産主義 はじめは悲劇として、二度めは笑劇として』(ちくま新書)他多数。

岡崎龍

1987年バーモント州生。2016年一橋大学社会学研究科博士課程単位取得退学、2021年フンボルト大学ベルリン哲学科博士課程修了。現在一橋大学言語社会研究科非常勤講師。博士論文 Zur kritischen Funktion des absoluten Geistes in Hegels Phänomenologie des Geistes (Humboldt Universität zu Berlin, 2021)、共訳書にジュディス・バトラー『欲望の主体』(大河内泰樹ほか訳、堀之内出版、2019年)、マルクス・ガブリエル、スラヴォイ・ジジェク『神話・狂気・哄笑』(大河内泰樹、斎藤幸平監訳、堀之内出版、2015年)など。

中林敦子

大阪大学文学部卒、カリフォルニア州立大学大学院言語学ＭＡ。フリーランス翻訳者として、主に医療、製薬・医療機器の分野で、企業ＨＰやパンフレット、学会資料などの実務翻訳。市役所の外国人相談員でもあり、市内に暮らす外国籍市民の生活上の問題解決にあたる。訳書にゼイナップ・トゥフェックチー『ツイッターと催涙ガス』、スラヴォイ・ジジェク『パンデミック』(Ｐヴァイン)。好きなものは、フィリピンのスイーツ「ブコ・サラダ」と、白鳳・天平の仏像と、ハリネズミと、民主主義。

パンデミック2　COVID-19と失われた時

2021年3月24日　初版印刷
2021年3月24日　初版発行

著者　スラヴォイ・ジジェク
監修　岡崎龍
翻訳　中林敦子

編集　大久保潤（Pヴァイン）
装丁　北村卓也

発行者　水谷聡男
発行所　株式会社Pヴァイン
〒150-0031
東京都渋谷区桜丘町21-2 池田ビル2F
編集部：TEL 03-5784-1256
営業部（レコード店）：
TEL　03-5784-1250
FAX　03-5784-1251
http://p-vine.jp
ele-king
http://ele-king.net/

発売元　日販アイ・ピー・エス株式会社
〒113-0034
東京都文京区湯島1-3-4
TEL　03-5802-1859
FAX　03-5802-1891

印刷・製本　シナノ印刷株式会社

ISBN　978-4-909483-85-0

PANDEMIC! 2 by Slavoj Žižek

Published by arrangement with OR Books, New York
Through Tuttle-Mori Agency, Inc., Tokyo

This Japanese edition published in 2021 by P-Vine, Inc., Tokyo